深度玩透微信朋友圈

微商、网红、自明星营销实战

叶龙 编著

清华大学出版社
北京

内容简介

朋友圈不仅是微商的主战场,也是自明星的会客厅,更是两者打造品牌与变现的"门店"。

本书不只是介绍朋友圈的设置与经营,更是从IP品牌的打造、获利变现的高度,提供高效、深层的运营方法,帮助读者向年薪百万的目标迈进。

本书是微商朋友学习如何吸金的操作手册,更是如今个体崛起时代中,广大拥有自媒体的自明星、网红的成长炼成笔记、实战操作兵法。

本书共13章,对朋友圈的打造、引流涨粉、建立感情、拍片修片、文案写作、微信营销、社群运营、团队运营、粉丝维护、品牌建设、品牌变现等内容进行了具体的介绍,帮助微商、网红、自明星们深度玩透朋友圈,成为朋友圈营销高手。

本书适合运用朋友圈进行变现的朋友,特别是想进行个人创业,成为微商、网红、自明星等的读者朋友阅读。

本书封面贴有清华大学出版社防伪标签,无标签者不得销售。
版权所有,侵权必究。侵权举报电话:010-62782989 13701121933

图书在版编目(CIP)数据

深度玩透微信朋友圈:微商、网红、自明星营销实战 / 叶龙编著. —北京:清华大学出版社,2019(2020.5重印)
 ISBN 978-7-302-51769-6

Ⅰ. ①深… Ⅱ. ①叶… Ⅲ. ①网络营销 Ⅳ. ①F713.365.2

中国版本图书馆CIP数据核字(2019)第091534号

责任编辑:杨作梅
装帧设计:杨玉兰
责任校对:李玉茹
责任印制:沈　露

出版发行:清华大学出版社
　　　　网　　　址:http://www.tup.com.cn, http://www.wqbook.com
　　　　地　　　址:北京清华大学学研大厦A座　　邮　　编:100084
　　　　社 总 机:010-62770175　　　　　　　　邮　　购:010-62786544
　　　　投稿与读者服务:010-62776969, c-service@tup.tsinghua.edu.cn
　　　　质量反馈:010-62772015, zhiliang@tup.tsinghua.edu.cn

印 装 者:小森印刷(北京)有限公司
经　　销:全国新华书店
开　　本:170mm×240mm　　印　张:16.5　　字　数:260千字
版　　次:2019年6月第1版　　印　次:2020年5月第3次印刷
定　　价:59.80元

产品编号:080450-01

前言

写作驱动

目前,微信已累计注册超过11亿用户,朋友圈当下日均分享总次数达到30亿次。朋友圈目前已经成为微信中使用最为频繁的功能,也成了广大微商、网红和自明星最重要的营销阵地。

早在2016年,微信朋友圈的营业额就已经达到1500亿元以上,其中,面膜等护肤品就占了600亿元的规模。2017的市场容量更大。凸显的是,朋友圈的营销功能越来越强大,因此,越来越多的品牌广告也已正式入驻朋友圈。

作者之前编写过一本《微信朋友圈营销秘诀:不讨人嫌还有钱赚》,在不到1年的时间内连续多次印刷,除了内容优质外,主要是读者的需求很旺。在如今个体崛起的时代,微商、网红、自明星的人数也越来越多,整体市场前景非常好。

随着微信用户规模的日益壮大,朋友圈的营销也越来越突出。对于微商、网红、自明星等人群来说,朋友圈营销与品牌的建设已经渐渐变成刚性需求,在朋友圈这一社交领域不断地通过各种渠道拓展流量,引流涨粉,促进成交,渐渐都在各自领域形成了不同的产业群,在朋友圈中营销的人越来越多,需求自然也越来越大。

因为巨大的人流和用户时间聚集,现在的朋友圈,不仅是大家日常生活和工作的展示平台,也成为微商、网红、自明星的必争之地。如何利用朋友圈做好营销,赚到钱,而且还不讨人嫌、不被人屏蔽,是一门技巧,也需要技术。

本书采用逆向思维,站在对方的角度思考问题,通过100多位真实的微商、网红、自明星的精彩案例展示,从引流、涨粉、拍片、发文、营销、团队、变现等角度，全程图解朋友圈的各种操作技巧，帮助读者轻松开启微信朋友圈的掘金之门！

特色亮点

本书的特色主要有以下5点。

(1)案例为主，纯粹干货。全书通过100多个真实的精彩案例展示，从微商、网红、自明星营销的角度，帮助朋友圈营销人员从新手快速成为朋友圈营销的行家里手！

(2)操作性强，实战营销。全书通过40个操作过程全程详解，让读者不仅学会每一个技能知识点的操作，还轻松帮助读者学以致用，一步步走进朋友圈营销领域！

(3)高手解读，经验丰富。本书作者从事微信营销、新媒体运营多年，深谙朋友圈营销的各种玩转之道，特别是在吸粉导流、营销等方面，经验丰富！

(4)原创内容，独家放送。书中许多内容是作者深度研究朋友圈营销，原创提炼出来的内容，打造全书亮点，在同类书中均未出现过，可谓人无我有，人有我优！

(5)实战心得，亲身体验。书中的180个知识点都是作者亲自总结的干货技巧，水分少，含金量很大，一字一图都是自写自裁，是一本匠心之作！

本书内容

本书是从纵、横两条线出发来进行写作的，图解如下。

前言

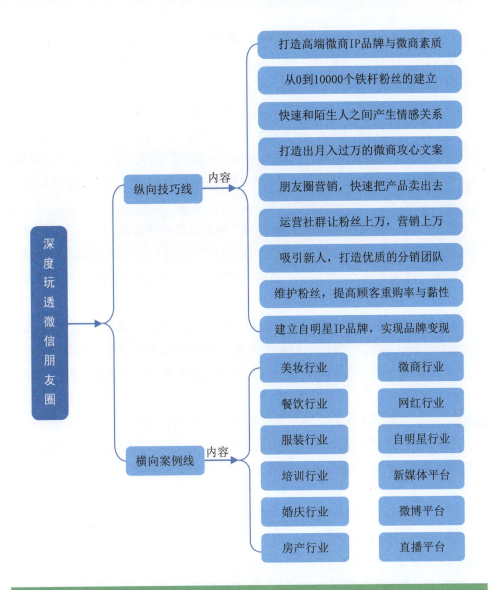

要点分享

本书以干货为主,精心提炼了朋友圈营销实战中的180个精彩知识点,帮助微商、网红、自明星们以小博大,让小界面发挥大效果,让企业的品牌塑造、销量提升一个新的台阶！作者结合本书，整理了如下10个要点。

第1个：在粉丝经济时代，粉丝即人气，粉丝即市场，粉丝即价值，自明星们可以在朋友圈发表各种动态信息，让粉丝们知道自明星的生活动向，还可以通过朋友圈的评论功能维护好与粉丝之间的关系，增强互动与粉丝黏性。

第2个：打造超级个人IP是微商行业的新趋势。微商打造个人IP的最终目的就是利于卖货。成功的微商，肯定是具备了一定的影响力，拥有一定的粉丝群体，我们要朝这个目标去努力，将微商打造成网红自明星，建立我们的微商团队，抱团营销。

第3个：我们遇到任何顾客，都要先了解顾客是哪种类型的人，他们的需求和痛点是什么，购买我们的产品主要是解决什么样的问题，用在哪些方面，给什么人购买。只有了解了这些问题，才能根据顾客的实际需求，推荐对其最适合的产品。

第4个：我们虽然卖出去的是产品、货物，但我们要有非常贴心的产品售后服务，这样才能让顾客二次购买，打造出优质的口碑形象，提升老顾客的重购率。

第5个：朋友圈的签名和背景照片是微商向朋友圈中的好友展现自己的品牌和产品最直接的方式，为了给客户留下一个深刻的印象，我们应该思考如何写好它们。

第6个：在发朋友圈时有一个特别的功能叫作"所在位置"，我们可以将地址位置信息改为产品或者品牌的名称，可以说是给朋友圈营销又免费开了一个广告位。

第7个：微商们在发朋友圈进行营销时，如果广告文本超过140个字，则文字可能会被折叠起来，而客户很少会对原文仔细阅读。此时，我们可以直接将文本复制到评论处，这样朋友圈的所有人都能见到完整的广告信息。

第8个：在朋友圈文案的编写中，最好采用图文结合的方式，图文结合的软文比单纯的文字更加醒目、更加吸引人。除了需要图文并茂以外，还要注意的是，张贴图片同样也有一些技巧。例如，贴多少张图合适？一般来说配图最好是1张、2张、3张、4张、6张、9张这几个数量。

前言

第9个：商家只负责包装产品，而微商则要学会包装自己，把自己包装成意见领袖、包装成微商大咖、包装成网红自明星，这样不仅粉丝数量会逐渐增多，下面的代理商也会慢慢增多，建立好自己的微商团队，通过团队来抱团营销，才是上上之策。

第10个：在打造自明星IP品牌的过程中，自明星需要培养自身的正能量和亲和力，可以将一些正面、时尚的内容以比较温暖的形式第一时间传递给粉丝，取得粉丝信任，使他们心中产生一种人格化的偶像气质。

作者信息

本书由叶龙编著，参与编写的人员还有刘嫔、刘胜璋、刘向东、刘松异、刘伟、卢博、周旭阳、袁淑敏、谭中阳、杨端阳、李四华、王力建、柏承能、刘桂花、柏松、谭贤、谭俊杰、徐茜、苏高、柏慧等人，在此表示感谢。由于作者知识水平有限，书中难免有疏漏和不妥之处，恳请广大读者批评、指正。

编 者

目录

第1章 财富入门：朋友圈是产品营销的绝佳阵地

1.1 朋友圈是微商的营销战场 2
- 1.1.1 微商的三层含义 2
- 1.1.2 为什么加入微商行业的人已达 5000 万 2
- 1.1.3 微商事业是哪一类人的最佳选择 5
- 1.1.4 微商卖什么样的产品赚钱最快 6

1.2 朋友圈是自明星的会客厅 6
- 1.2.1 自明星的三层境界 6
- 1.2.2 自明星有哪些商业价值 8
- 1.2.3 如何将微商打造成自明星 10

1.3 朋友圈是 IP 品牌的入口 13
- 1.3.1 个人 IP 品牌的含义 13
- 1.3.2 什么才是微商的好 IP 15
- 1.3.3 微商个人 IP 的形成条件 16

第2章 能力修炼：如何打造高端的微商 IP 品牌

2.1 6 项修炼，打造优质微商素质 18
- 2.1.1 坚持，才能成功 18
- 2.1.2 专注，才有效果 19
- 2.1.3 努力勤奋，才有丰厚的产出 20
- 2.1.4 知识提升，才显得高端上档次 20
- 2.1.5 锻炼自己的营销和赚钱能力 21
- 2.1.6 微商需要强大的心理承受能力 22

2.2 4 种方法，塑造高端个人微商 IP 品牌 22
- 2.2.1 销售的产品一定要安全健康 22
- 2.2.2 消费群体一定要强大，覆盖广 23
- 2.2.3 产品卖点独特，才能成为爆款 23
- 2.2.4 口碑好易传播，才能口口相传 25

2.3 4 种方法，成为一位优秀的微商创业者 26
- 2.3.1 先交朋友，再谈生意 26
- 2.3.2 将产品销售变成产品服务 26
- 2.3.3 建立微商团队，抱团营销 26
- 2.3.4 成为某一个领域的行家、专家 27

第3章 微信功能：这样设计"门店"最有价值

3.1 5大设计，搞定微信营销阵地 30
- 3.1.1 头像，是产品的最佳广告位 30
- 3.1.2 昵称，简单顺口，方便口口相传 32
- 3.1.3 微信号，体现品牌，容易记住 34
- 3.1.4 手机号码，快速加微信好友的方式 35
- 3.1.5 个性签名，用来介绍产品与品牌信息 38

3.2 3大秘诀，设计朋友圈"门店" 41
- 3.2.1 朋友圈背景墙，品牌形象最好的展示位 41
- 3.2.2 地址信息，朋友圈中第二广告位 43
- 3.2.3 信息评论，让折叠的广告信息全部显示 45

3.3 5大微信功能，助力微商运营 47
- 3.3.1 群发助手，最快速又免费的营销手段 47
- 3.3.2 表情商店，增添娱乐气息讨用户欢心 50
- 3.3.3 聊天置顶，将重要的信息排在最前面 52
- 3.3.4 标签分组，将同类客户放在一个分组 53
- 3.3.5 自动收款，设定微信二维码及时收钱 55

第4章 引流涨粉：从0到10000个铁杆粉丝的建立

4.1 6大功能，巧获大量粉丝 58
- 4.1.1 手机联系人，将熟人加入微信圈 58
- 4.1.2 QQ好友，网络中大量好友的聚集地 59
- 4.1.3 附近的人，将陌生人5秒变成熟人 61
- 4.1.4 使用"摇一摇"，晃动手机添加粉丝 63
- 4.1.5 微信"扫一扫"，最便捷的加友方式 64
- 4.1.6 海上"漂流瓶"，大批客户"捡"起来 65

4.2 14种方法，海量导流火爆朋友圈 67
- 4.2.1 实体店可面对面地宣传推广加微信 67
- 4.2.2 朋友圈让亿万粉丝为你营销助力 67
- 4.2.3 QQ签名/QQ群/QQ空间引流法 68
- 4.2.4 大号互推各取所需，实现共赢 69
- 4.2.5 粉丝越多微信平台互推效果越好 70
- 4.2.6 活动吸粉可以让粉丝数量疯涨 71
- 4.2.7 今日头条用文章内容来吸粉引流 74
- 4.2.8 建立新媒体平台矩阵迅速引流 76
- 4.2.9 电商平台是年轻人购物的主要场所 77
- 4.2.10 微博@功能可借助名人引流 79

目录

- 4.2.11 把握多渠道的百度平台流量入口 ... 80
- 4.2.12 巧用二维码方便对方扫一扫 ... 84
- 4.2.13 图片上加水印利于百度图库收录 ... 86
- 4.2.14 H5 页面吸引粉丝疯狂转发引流 ... 87

第 5 章 建立信任：快速和陌生人产生情感关系

- 5.1 5 大技巧，吸引陌生人关注你 ... 90
  - 5.1.1 形象帅气甜美 ... 90
  - 5.1.2 表现高端品位 ... 90
  - 5.1.3 展示学识渊博 ... 91
  - 5.1.4 体现个人情怀 ... 92
  - 5.1.5 有很强的上进心 ... 93
- 5.2 7 种分享，是微商最佳的情感利器 ... 93
  - 5.2.1 分享辛苦 ... 93
  - 5.2.2 分享激情 ... 94
  - 5.2.3 分享增员 ... 95
  - 5.2.4 分享团队 ... 95
  - 5.2.5 分享资质 ... 96
  - 5.2.6 分享体验 ... 97
  - 5.2.7 分享感悟 ... 97
- 5.3 4 种技巧，占领朋友圈的碎片时间 ... 98
  - 5.3.1 早上 7:00 ～ 9:00，发正能量内容 ... 98
  - 5.3.2 中午 12:30 ～ 13:30，发趣味性内容 ... 98
  - 5.3.3 下午 17:30 ～ 18:30，发产品的内容 ... 99
  - 5.3.4 晚上 20:30 ～ 22:30，发情感的内容 ... 100

第 6 章 拍片修图：拍人拍景拍物拍视频神器

- 6.1 6 种方法，拍出极具吸引力的照片和视频 ... 102
  - 6.1.1 设置拍摄的最大分辨率 ... 102
  - 6.1.2 对焦，决定画面清晰度 ... 103
  - 6.1.3 运用九宫格拍出画面完美比例 ... 106
  - 6.1.4 潮人自拍必会的 5 种方法 ... 107
  - 6.1.5 手机摄影 10 种画面取景技法 ... 110
  - 6.1.6 10 秒小视频这样拍才对 ... 116
- 6.2 8 大 APP，手机拍照神器任你挑 ... 117
  - 6.2.1 天天 P 图 ... 117
  - 6.2.2 相机 360 ... 118

	6.2.3	潮自拍	119
	6.2.4	美图秀秀	119
	6.2.5	VSCO	120
	6.2.6	Snapseed	121
	6.2.7	POCO 相机	121
	6.2.8	黄油相机	122
6.3	6 种技巧，通过修片提升照片美感		122
	6.3.1	调整照片亮度与清晰度	123
	6.3.2	虚化产品图片背景效果	125
	6.3.3	对人像进行美容与处理	126
	6.3.4	添加各种照片滤镜特效	127
	6.3.5	添加产品宣传广告文本	130
	6.3.6	使用拼图效果制作多图	132

第 7 章　内容打造：攻心文案让你的客户立马下单

7.1	6 种技巧，传授朋友圈发文攻略		136
	7.1.1	消费者的痛点是什么	136
	7.1.2	如何寻找消费者的痛点	137
	7.1.3	朋友圈发文，重要信息放最前面	138
	7.1.4	九宫格的图片数量最符合审美	138
	7.1.5	转载公众号文章精准营销日销 3 万	139
	7.1.6	转载新媒体平台内容提升产品热度	141
7.2	6 种方式，打造月入过万的微商文案		142
	7.2.1	图文结合的软文更有吸引力	142
	7.2.2	利用前三行来吸引用户流量	143
	7.2.3	利用九宫格强化产品优势亮点	144
	7.2.4	多角度全面地介绍产品功能	145
	7.2.5	进行零风险承诺完善售后服务	145
	7.2.6	及时解答用户常见问题	145
7.3	3 种形式，轻松吸引消费者的目光		146
	7.3.1	短图文式，使用率最高的朋友圈广告	146
	7.3.2	长图文式，文字图片信息较多的广告	147
	7.3.3	长图片式，以图片承载文字与图片的广告	148

第 8 章　微商营销：迅速把你的微商产品卖出去

8.1	朋友圈晒单、晒好评吸引顾客		152
	8.1.1	巧妙晒单，激发客户购买欲望	152

目录

	8.1.2 晒好评，营销最有力的声音	154
8.2	6种策略，掌握常见的微商营销技巧	157
	8.2.1 明星效应，最能带动粉丝消费	157
	8.2.2 饥饿营销，限时限量制造紧迫感	158
	8.2.3 制造情景，营造出产品非常热销的氛围	161
	8.2.4 对比产品，通过产品的比较突出优势亮点	163
	8.2.5 赠送产品，送体验、送产品、送服务	164
	8.2.6 塑造价值，消费者获取产品最大的回报	166
8.3	3种方式，促进微商营销力度与销量	168
	8.3.1 折扣活动，限时下单享受更实惠的价格	168
	8.3.2 促销活动，能迅速提升品牌的宣传效果	170
	8.3.3 节日活动，打造节日优惠、折扣福利	173

第9章 社群建设：如何通过社群营销月入上万

9.1	如何创建微商社群	176
	9.1.1 建立微信群的具体步骤	176
	9.1.2 通过群二维码扫码入群	177
	9.1.3 对群二维码进行分享与导流	177
9.2	7大技巧，运营社群让粉丝上万	179
	9.2.1 建立社群的管理规则	179
	9.2.2 新人进群有迎新仪式	181
	9.2.3 发个人照增加活跃性	181
	9.2.4 举行有意义的线下聚会	182
	9.2.5 制造用户喜欢的内容	183
	9.2.6 培养自己的铁杆粉丝	184
	9.2.7 注重质量产生好口碑	184
9.3	4种方法，让社群营销月入上万	185
	9.3.1 微社群的红包营销技巧	185
	9.3.2 扩展人气塑造个人品牌	186
	9.3.3 运用团队进行社群营销	187
	9.3.4 微信群的营销与管理	187

第10章 团队作战：扩大微商团队批量产生价值

10.1	5大要点，建立微商团队	190
	10.1.1 个体微商发展遇到瓶颈	190
	10.1.2 团队微商优势日渐凸显	190
	10.1.3 建立微商团队的核心要素	192

10.1.4 微商选人、用人的标准 ... 192
10.1.5 招代理商的方法与渠道 ... 192
10.2 3种方式，打造优质的分销团队 ... 194
10.2.1 建立优质的招商政策 ... 194
10.2.2 设计合理的分销价格体系 ... 195
10.2.3 设计一、二、三级分销系统 ... 195
10.3 6种方法，吸引新成员加入微商团队 ... 196
10.3.1 利益吸引法，和你谈所得 ... 196
10.3.2 创业梦想法，和你谈事业 ... 197
10.3.3 未来规划法，和你谈前程 ... 198
10.3.4 现状对比法，和你谈好处 ... 199
10.3.5 上升空间法，和你谈回报 ... 200
10.3.6 家庭责任法，和你谈生活 ... 200

第11章　粉丝维护：这样可以牢牢抓住核心客户

11.1 为什么要进行粉丝维护 ... 202
11.1.1 潜力最大的还是老顾客 ... 202
11.1.2 多进行回访才能提高下单率 ... 204
11.1.3 将优质的客户发展成代理商 ... 204
11.2 8大技巧，抓住客户提高黏性 ... 205
11.2.1 抓住客户痛点，解决痛点 ... 206
11.2.2 多进行互动，增强客户黏性 ... 206
11.2.3 以感情为基础，打动用户的心 ... 207
11.2.4 增强客户体验感，消除购买顾虑 ... 207
11.2.5 多平台建立媒体矩阵，拓展客户 ... 209
11.2.6 这几招教你将新客户发展成老客户 ... 211
11.2.7 高手都这样解决产品售后问题 ... 212
11.2.8 鼓励顾客提出建议，优化工作 ... 213

第12章　经营策略：朋友圈自明星IP品牌的建设

12.1 3大要点，自明星IP品牌的形成条件 ... 216
12.1.1 持续的优质内容创作能力 ... 216
12.1.2 从爆品发展成为自己的IP品牌 ... 217
12.1.3 强大的粉丝运营能力 ... 218
12.2 4种方式，快速打造微商自明星的IP品牌 ... 220
12.2.1 具备人格化的偶像气质 ... 220
12.2.2 节目内容输出的频次高 ... 221

目录

  12.2.3 具有明确的核心价值观 ... 222
  12.2.4 生产个性的高质量内容 ... 223
12.3 4种策略，掌握自明星IP品牌的经营模式 ... 224
  12.3.1 做粉丝喜欢看的硬广，重视内容 ... 225
  12.3.2 对准需求的软文推广，解决痛点 ... 226
  12.3.3 使用众筹运营模式，成为受众领袖 ... 227
  12.3.4 基础内容免费，高端课程收费 ... 229

第13章 品牌变现：多种赚钱模式助你吸金有道

13.1 3种方式，实现微商变现 ... 232
  13.1.1 发展代理商 ... 232
  13.1.2 批发式营销 ... 233
  13.1.3 打造成网红 ... 233
13.2 6种方式，实现自明星变现 ... 233
  13.2.1 广告变现 ... 233
  13.2.2 主播直播 ... 234
  13.2.3 短视频变现 ... 236
  13.2.4 网络微课程 ... 237
  13.2.5 形象代言人 ... 237
  13.2.6 出演网剧 ... 238
13.3 4种方式，实现IP品牌变现 ... 239
  13.3.1 电商导流 ... 239
  13.3.2 粉丝变会员 ... 241
  13.3.3 书籍出版 ... 242
  13.3.4 商业合作 ... 243

参考文献 ... 245

第 1 章
财富入门：朋友圈是产品营销的绝佳阵地

学前提示

微信火爆来袭，已成为微商、网红、自明星营销与宣传的主流平台，朋友圈则成为宣传产品的有力渠道，通过熟人圈子来销售产品，有很高的真实性，朋友圈已成为产品营销的绝佳阵地。本章主要介绍朋友圈给微商、自明星、网红带来的巨大价值与影响。

要点展示

▶ 朋友圈是微商的营销战场
▶ 朋友圈是自明星的会客厅
▶ 朋友圈是 IP 品牌的入口

1.1 朋友圈是微商的营销战场

日渐强大的微商行业,让这个时代发生了变化,无论是男的女的、老的少的、丑的美的,只要是想赚钱的人都选择了去做微商,让成为富豪不再是遥不可及的梦。本节主要介绍微商的含义及营销的相关知识。

1.1.1 微商的三层含义

10年前,马云、刘强东抓住互联网入口创造了如今电商界的巨头淘宝、京东。在国家大力鼓舞广大青年创业的口号的推动下,10年后的今天,一大批有志于创业的青年人抓住了移动互联网入口,纷纷加入创业者的队伍,同时借由移动互联网的便利性及可进入性高的优越性,造就了今天微商兴起、大热的局面。

微商这么火,那微商究竟是什么呢?作者认为微商有3层含义。

(1) 顾名思义式。微指微小,商指商机或者商人,即能够抓住那些微小商机的商人。

(2) 平台理解式。微指微信,是指那些通过微信平台经营和变现的商人。

(3) 移动创业式。利用新兴微平台,特别是手机移动端进行自主创业的商人。

【专家提醒】

虽然微商目前还没有统一的学术性概念,但微商也并不仅仅是人们所理解的微信朋友圈卖东西的销售者,微商的发展在未来将会越来越品牌化,将会是移动互联网时代商业领域的又一标志性产物。

目前,微商所处的成长阶段,可分为3类,具体如图1-1所示。

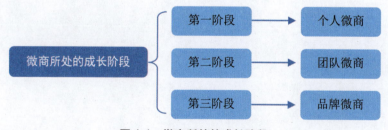

图1-1 微商所处的成长阶段

1.1.2 为什么加入微商行业的人已达5000万

2013年微商借由微信强势来袭,进入人们的生活,以迅雷不及掩耳之势攻占了人们的日常生活,成为人们街谈巷议的话题。到2017年年底,据统计,加入微商行业的人数已达5000万,这个数据是非常庞大的,这个群体如滚雪球般,越滚越大。那么,是什么吸引人们加入微商行业的呢?

1. 成本低、利润高

微商创业的成本很低,与实体门店相比,微商不需要租赁门店、不需要装修店铺、不需要大量进货、不需要支付租金、不需要人力成本等,节省了上万甚至几十万的创业起步资金,创业门槛低、风险小,投入的成本少,而利润和收入却高,所以微商才如此受创业者的青睐。

【营销案例】

大学毕业的小林,经过10年的奋斗和积累,存了20万元的存款,准备开一间生活超市,首先需要花十几万去租一间门店,包括门店转让费,然后需要花几万去装修店铺,进货、囤货也需要一大笔钱,还要招聘收银员和营业员,这么算下来,存款所剩无几,门店开了能不能赚钱、回本,这还要另算。

而小林的一个同学,一直在做微商,做的是美肤产品,听她说做微商成本低、风险小,创业不需要租门店、不需要装修费、不需要囤货、不需要请员工打理,在家就可以当老板,轻松月入上万。因为她做的是美肤产品的代理商,只需要每天在朋友圈刷刷产品、介绍产品、做做营销活动即可,如图1-2所示。顾客在微信或微店下订单后,直接从厂家拿货、发货给顾客,省去了中间很多的管理、运营费用。这就是比较成功的微商案例了。

图1-2 微商在朋友圈发产品做营销

2. 赚钱快、新趋势

现在的年轻人大多比较宅，不喜欢逛街购物，基本都是通过互联网电商购买需要的物资和生活用品。实体店的生意已经被互联网电商吞没了大部分，有时候一个微店一个月的营业额是实体店的三四倍。在这个互联网时代，只要你的产品质量够好、性价比够高、售后服务好，就很容易打造店铺爆款，互联网创业靠口碑营销，产品评论是关键。

【营销案例】

图1-3所示为某微店上架的水果产品，网友评论也是相当好，创造了好的口碑。

图1-3　某微店上架的水果产品

3. 不需要坐班，自由度高

作为微商，并不需要全职在家里做，你可以有一份全职的其他事业或工作，只把微商当兼职，每天在朋友圈发发产品、动态，管理订单即可。微商也不需要坐班，有事的时候就与顾客沟通产品，做做宣传；没事的时候可以出去散散步、带带小孩、陪陪家人和朋友，时间上自由度非常高，基本上是移动办公。

4. 可以轻松创建微商团队

传统的购物方式是通过实体店与顾客一对一的交流，而微商可以通过互联网平台实现一对多的交流，省时省力，效率极高。而且通过移动互联网平台，只要品牌给的货源性价比高、利润大，很多闲在家里的宝妈们就会出来做微商代理，几万、几十万甚至几百万的人通过互联网帮品牌卖产品,这样的出货量是非常大的,很轻松地就能组织起几千万人的微商创业团队。与实体公司相比,微商团队的管理更轻松、更高效、更省力。

1.1.3 微商事业是哪一类人的最佳选择

从事微商行业的人数已有5000万,在这5000万的微商中,有95%左右的微商都是女性,而这95%的女性中有一半以上都是宝妈们。新时代的女性都非常独立,有自己的想法,她们并不是弱势群体,就算怀孕了也会努力学习、奋斗,不能与时代脱节。怀孕期间的女性,一般都在家休养、胎教,平常空余的时间很多,而微商只需要投入一小部分的时间,就可以有丰厚的回报,所以这一类人群从事微商事业的较多。

【营销案例】

这里举个例子,是笔者的亲身经历。我身边有两位女性朋友,她们结婚怀孕后,就各自离职在家休养了。其中一位女性朋友,每天都会在朋友圈发动态,生活的动态、宝宝的动态,还代理了某款产品,在朋友圈做起了微商,由于之前在工作中积累了不少人脉,微商事业风生水起。怀孕的这段时间,她还学习了产品销售技巧、与人沟通的技巧、微商营销技能等,并没有浪费、虚度无聊的时间,而是用这些时间来为自己充电、学习。现在她还招起了微商代理,组建了微商团队,月收入轻松上万。

而另一位女性朋友,自从怀孕后就回老家休养了,朋友圈也基本无动态,感觉消失了一样。前段时间偶然遇到,看着她给宝宝在商场买衣服,面无妆容,整个人都没气质了,现在就像一个带小孩的保姆,毫无女性魅力。她跟我说,她已经出来准备找工作了,找了两个月了都没有找到自己满意的工作。她在怀孕期间和带小孩的这一年时间,基本都浪费在家庭琐事上,也没有继续学习、充电,现在已与社会脱节,工作也难找到合适的。这两位朋友的境遇反差是极大的,给我的触动也非常大。

新时代微商女性的3个特征,如图1-4所示。

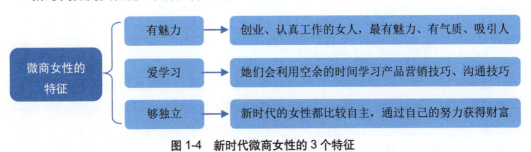

图1-4 新时代微商女性的3个特征

1.1.4 微商卖什么样的产品赚钱最快

从2014年开始,加入微商行业的人已数不胜数,即使大家在朋友圈只要看到做微商发广告的人就有一些偏见,但这也不影响微商行业的火爆。这是一个互联网电商时代,互联网购物已经成为一种新趋势,人们已经养成了通过互联网购物、快递送货上门的生活习惯。

那么,现在微商卖什么产品赚钱最快呢?下面进行相关分析,如图1-5所示。

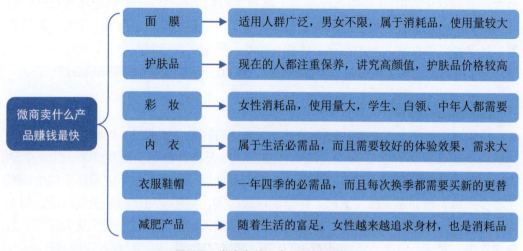

图 1-5 微商卖什么产品赚钱最快

1.2 朋友圈是自明星的会客厅

在粉丝经济时代,广告合作商邀请明星代言也必须考虑粉丝数这一项指标。这说明,不论做公众人物还是做自明星,粉丝才是运营中重中之重的核心。而微信是一个装载粉丝的运营平台,自明星们可以在朋友圈发表各种动态,让粉丝们知道自明星的生活动向,还可以通过朋友圈的评论功能维护好与粉丝之间的关系。因此,微信朋友圈也成为自明星的会客厅。

1.2.1 自明星的三层境界

信息化社会进入移动智能时代后,每个人都可以成为信息的传播者,信息的发布越来越简易化、平民化、自由化,自明星便应运而生。自明星是指个人通过自媒体平台分享个人的经验和观点,成为让大众所熟知的某个领域的名人,以此来聚集粉丝,从而进行不同方式的营销活动。

自明星的特点突显在一个"自"上，自我、自由、自主，利用现代化手段和简单平台传播信息，可以简单看作一个"个人媒体"。

自明星的经营分为个人自明星、团队自明星、媒体自明星三层境界，不同的境界有着不同的经营能力、营销模式和盈利模式，自明星的经营模式和创业模式是相对应的。自明星的三层境界关系分析如图1-6所示。

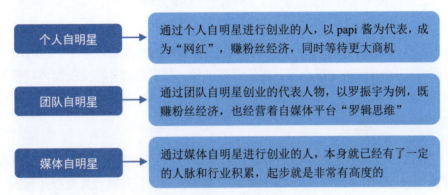

图1-6　自明星的三层境界关系分析

【营销案例】

近年来自明星界新造了"网红"一词，不懂行情的人多数肯定以为"网红"只是一个娱乐性的词。在专业的营销者看来，"网红"是一种高端的自明星创业方法，比如2016年红到惊动了广电总局的papi酱。下面来分析一下papi酱的"网红"创业之路，如图1-7所示。

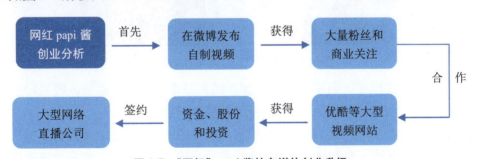

图1-7　"网红"papi酱的自媒体创业升级

【专家提醒】

papi酱的自明星创业之路是一个非常成功的案例。个人自明星的发展和升级之路，最后还是要团队化、企业化，自明星需要依靠自媒体平台这棵大树。

1.2.2 自明星有哪些商业价值

不论是从市场大环境的发展和变化来分析，还是从自明星本身的发展状况来展望，自明星的发展都是有前途的，并且上升空间还很广阔。在以经济为基础的现实社会中，发展的事业都是盈利的事业，有前景的事业便是有"钱景"的事业。

那么，自明星有哪些商业价值呢？下面进行简单分析。

1. 投入小，回报高

经济界多位人士经研究分析后声称，在自媒体平台的运营账号中，已有单个账号的收入超过1000万元的情况出现。据不保守估计，目前自媒体行业的整体规模差不多可以达到10亿元以上了。

【营销案例】

以"网红"自明星来说，在报道自明星的新闻中，每每爆出网络女主播月收入过10万元的消息(如图1-8所示)，大家是不是又嫉妒又羡慕，还有点蠢蠢欲动呢？

图1-8 月收入过10万元的女主播

而在微信朋友圈中，自明星可以在朋友圈发布自己的日常动态，吸引粉丝的关注，活跃人气。如图1-9所示为某网红在朋友圈发布的照片动态。

要想打造一款名牌产品，需要付出投资人很多的资金和心血，而且需要付出很大的代价，需要高昂的人力成本、研发成本；要想打造一个流量高、知名度高的电商平台，投入的资金会高达几十亿元，如京东、天猫、当当网等；而要把某个人打造成某一个领域的网红自明星，为其投入的资金就要少很多了，只要这个人在某个垂直领域有一定的专长、才能，又敢于在大众面前展示自己(如papi酱)，也可能只需要在直播网站上发布一段视频，就会被大众知晓了。

图 1-9　某网红在朋友圈发布的照片动态

2．人的价值不断放大

那些很早就利用互联网等自媒体平台积累粉丝、人气的自明星，通过自己不断的成长，被大众所熟知、喜欢的程度越来越高，粉丝自然也越来越多，自明星的价值就会越来越大，自明星的价值是一种不断积累的过程，可持续性比较强。

3．变现能力强

2016年是直播元年，也是网红最火的一年，网红变现的方式也比较多，最常见的有5种，如广告变现、粉丝打赏、网红电商、形象代言、影视演艺等。比起自媒体平台的变现能力来说，自明星的变现方式要更快、更强。自媒体平台主要靠流量支撑变现，如果网站没有流量就不会有广告商入驻，自然不会有人投入广告费。

【营销案例】

我身边有这样一个朋友，她在做自明星之前，是做美容行业的，开了一个美容店，生意并不是特别好。后来，她在自媒体平台做了几期视频直播，凭借其高颜值吸引了大批粉丝，知名度一下就火爆了。现在她有好几个微信，朋友圈总计人数好几万，还发展了好几家加盟分店，因为她经常在微信中发表各种关于美容的门店信息和产品信息，如图1-10所示，得到了许多粉丝的信任。这就是自明星的影响力。

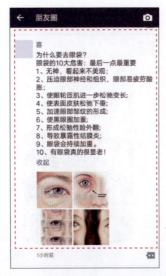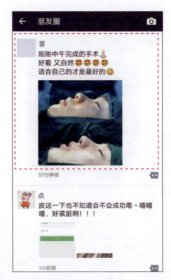

图1-10 发表各种关于美容的门店信息和产品信息

1.2.3 如何将微商打造成自明星

成功的微商是什么样的呢?并不是天天在朋友圈刷屏卖产品的人,那样的行为有可能导致朋友圈信息被屏蔽。做得好的微商可能只是偶尔在朋友圈刷刷产品,发布的广告内容也具有一定的高度,让人觉得有知识、有文化、有内涵,而顾客也都是主动找上门咨询产品,相信她(他)并购买她(他)的产品,这就是成功的微商。

成功的微商,已经具备了一定的影响力,拥有一定的粉丝群体,那我们如何将普通微商打造成自明星呢?下面进行相关分析。

1. 定位要清晰

自明星的定位就像是现实生活中的GPS定位一样,能让自明星找到喜欢自己的粉丝,也能让粉丝找到自己需要的自明星。好的定位能实现自明星和粉丝的双赢,明确的定位使自明星的发展得到良好的结果。

物以类聚,定位也是给自己做一个分类,有了分类以后更方便自明星在圈子中寻求伙伴,一起交流成长,或者共同经营,向团队化发展。下面以图解的方式对自明星的定位进行分析,如图1-11所示。

2. 专注某一领域

自媒体开放以来,想从普通个人转化为自明星的人如鲤鱼过江般广而泛、多而杂,真正做出成就的自明星却是少之又少。除去能力有限不说,这里面很大的一部分原因，就是这些自明星杂念太多，不够专注。下面讲解专注对于微商打造成自明星的重要性，如图1-12所示。

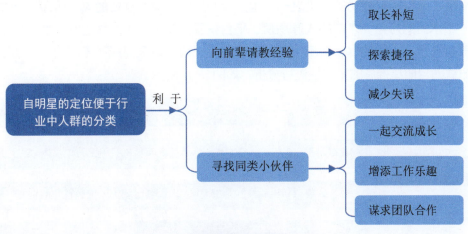

图 1-11　对自明星的定位进行分析

图 1-12　专注对于微商打造成自明星的重要性

3．学会媒体工具

微商们要想成为一个自明星，需要掌握一定的工具技能，这样才能创造出优质、吸引人的内容，才能得到裂变的传播影响力。下面介绍常用的工具类型。

- 文案打造工具：第一范文网、爱墨、Office 软件。
- 活动策划工具：LiveApp、Vxplo、易企秀。
- 内容编辑工具：135 编辑器、快站微信编辑器。
- 图片处理工具：美图秀秀、截图工具、Photoshop。
- 视频音频工具：屏幕录制软件、音频编辑器、Replay。

- H5制作工具：搜狐快站、初页、MAKA。

4．学会推广

推广是自明星成功的要素之一，也是自明星所有操作准备的攻坚阶段。推广就像是一个水瓶的瓶盖，之前的人脉积累、平台积累都是这个水瓶里的水，推广做不好，瓶盖打不开，里面的水就倒不出来，之前做的一切准备全都成了无用功。下面以图解的方式对自明星推广的重要性进行分析，如图1-13所示。

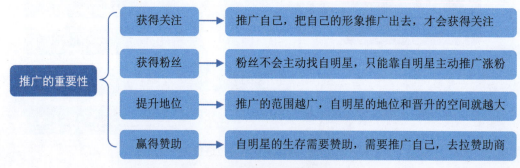

图 1-13　自明星推广的重要性

初级自明星在进行推广时，切忌急功近利，要等拥有一定知名度和影响力之后才能考虑收益，并且不论是初级自明星还是高级自明星，原始资本都是粉丝，所以初级自明星推广的目的就要锁定在粉丝上。获得粉丝的4种推广方法如图1-14所示。

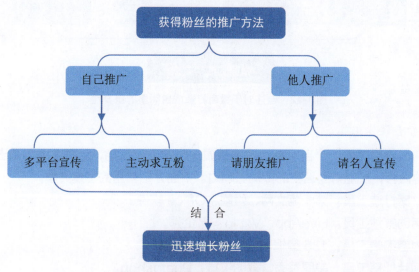

图 1-14　获得粉丝的4种推广方法

1.3 朋友圈是IP品牌的入口

随着移动互联网时代的到来，IP这一概念开始进入人们的视野，并且"越炒越热"逐渐广为人知。IP这一概念从开始产生到广为人知，似乎如雨后春笋般，生长得不知不觉，却又奇快无比。因为微信朋友圈中以熟人、粉丝居多，方便对品牌的建立产生信任感，获得信任就会有粉丝支持，对IP品牌的建立有很大帮助。

1.3.1 个人IP品牌的含义

IP在狭义上，是知识产权(intellectual property)的英文简写，意指"权利人对其创造的智力劳动成果所享有的财产权利"。各种发明创造、艺术创作，乃至在商业中使用的名称、外观设计，都可被认为是权利人所拥有的知识产权。

早在1976年世界知识产权局成立后，国外便已经广泛使用IP这一概念了，国内环境对IP概念的了解，却是在2013年后才渐渐进入人们的视野。国内IP的发展是以网络文学为起点的，其后衍生到影视、漫画、游戏、音乐等各个行业，发展到现在甚至开始衍生到"人"身上了，形成了个人IP品牌。

移动互联网时代，信息的传递由单向中心化，向多层次、去中心化转变，这种改变对生活方式的冲击是巨大的。在这种时代背景下，那些依靠中心化建立的权威，会在突然间崩塌，各种传统行业正在被颠覆，面对着的是"转型"的抉择。而与之相反，依靠"去中心化"而发展出一种"人物IP"——"网红"，正如城市高楼般崛起。

顾名思义，"网红"是"网络红人"的简称，最初时他们是虚拟网络某一领域的"明星"。随着移动互联网的发展，手机、平板等媒体终端的普及，"网红"相比明星，因为"接地气"的独特优势，越来越被人们所推广和接受。而网红发展至今，已经更新了3代，如图1-15所示，经历了网红1.0、网红2.0、网红3.0。

什么是网红？网红是人类历史上第一代不需要权威赋权，能够自我赋权的权威。过去，这个社会所有节点性的人物，都来自其他权威的授权。而在我们这个时代，突然，大家发现出现了这样一群人，他好像有权威，但是他的权威居然背后没有授权。

这里，引用了天使投资人徐小平的一段话，来解析网红以及它所代表的人物IP。IP从表面上看是产品IP，但内核实质是人物IP，网红正好是这一代表。对网红的进一步认识，有利于我们更好地理解IP。

在网红的更新换代发展中，网红们开始尝试将"粉丝"转化成现钱，"网红经济"就是在这种背景下产生的，并且在不断地挑战权威中成长，改变着传统的各种行业的产业链。使得旁观的"传统经济"目瞪口呆,甚至都有些茫然失措。

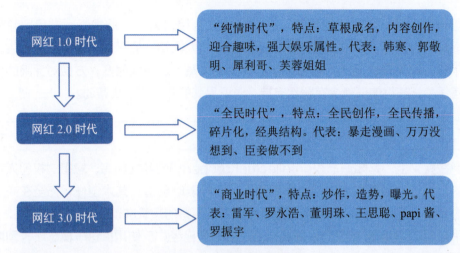

图 1-15 网红时代的发展

"网红经济"形成于网红与粉丝之间的互动。随着互联网的发展,各种社交平台不断普及开来。从网络论坛到博客,从博客到现在的微博、微信,以及各种视频直播平台,互动变得更为便捷、直观。网红对粉丝的影响力,在不知不觉间得到强化,"网红群体"的商业价值,开始渐渐地展现出来。

而与网红发展所对应的淘宝、京东等电商平台的兴起,改变了人们的消费习惯,网红的影响力有了变现的渠道,"网红经济"于是有了实现基础。然后,网红经济生态圈开始产生,如图1-16所示,广告商、产品商、经纪公司等专业运作角色,被自动地引入到了这个生态圈里,并且将有越来越多的角色加入进来。

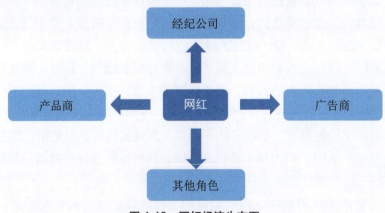

图 1-16 网红经济生态圈

1.3.2 什么才是微商的好IP

打造超级个人IP是微商行业的新趋势，微商打造个人IP的最终目的就是利于卖货。通过上一小节知识的学习，我们了解了IP的品牌含义后，应该思考什么才是微商的好IP？下面让我们带着这一疑问出发，去更进一步地了解什么才是微商的好IP。

在微商行业，一个成功的微商IP有如下几个特点。

- 有独特的人格魅力。
- 是某一品牌的创始人，而且口碑极好。
- 发布的内容具有一定的优质度、原创度、持续度。
- 是某一垂直领域的专家。
- 在自媒体平台中，拥有一定的粉丝群体。

【营销案例】

罗振宇是"罗辑思维"IP的创始人，他有多重身份：脱口秀主持人、自媒体人、卖书商家等，在内容创业的风口中，他通过互联网内容树立了个人品牌IP，吸引一批粉丝，最终得以变现。

"罗辑思维"通常是采取售卖独家版权的书籍，同时还卖一些年货、茶叶、礼盒等商品，价格比较适中。2016年1月12日，罗振宇在"2016天猫全球商家大会"中以卖家的身份出现，并创下了10天100万的超高销量。图1-17所示为"罗辑思维"天猫旗舰店，销售产品包括经管商业、人文社科、艺术文学、通话绘本等类型的书籍。

图 1-17 "罗辑思维"天猫旗舰店

同时，"罗辑思维"还在微信公众平台采用电商模式进行变现，如图1-18所示。

将优酷的关注量换为粉丝,"罗辑思维"选择了微信这个社交平台,借此与粉丝之间形成一种交互关系,并通过微店来将视频内容积累的影响力变现。

图 1-18 "罗辑思维"的微信公众平台与微店页面

1.3.3 微商个人 IP 的形成条件

在微商行业,成功打造个人 IP 有以下几个秘诀。

- 代理优质的产品,以品牌来建立个人微商 IP 标签。
- 将各新媒体平台的粉丝人数进行整合,资源共享,使用一切推广办法,不断扩大自己的人脉与朋友圈。
- 线上线下资源整合,顾客可以线上了解产品,线下体验产品。
- 多花些时间来打造自己的个人形象,向粉丝展示一个值得信赖、贴心、可靠的形象,将自己作为一个 IP 推广出去。例如,你是卖面膜的,你就把自己打造成为一个护肤专家;你是做美食的,就把自己打造成为一个吃货、美食评论专家等。
- 多做微商营销活动,前期先积累顾客资源,后期用产品质量吸引顾客。
- 与顾客沟通时,要走心,要真正为顾客着想,推荐适合顾客的产品,将顾客的利益放在首位。
- 认认真真地完成每一笔订单,做好顾客的售后服务,解决顾客的一切问题。

第 2 章
能力修炼：如何打造高端的微商 IP 品牌

学前提示

微商 IP 的品牌建设是发展的目标，同时 IP 品牌建设成功之后也有下一步的发展目标，即扩大品牌的商业化和实现品牌的企业化，不断拓展微商代理，实现品牌全球化。本章主要介绍如何打造高端微商 IP 品牌的相关知识。

要点展示

- ▶ 6 项修炼，打造优质微商素质
- ▶ 4 种方法，塑造高端个人微商 IP 品牌
- ▶ 4 种方法，成为一位优秀的微商创业者

2.1 6项修炼，打造优质微商素质

俗话说，有了金刚钻才敢揽瓷器活。这里的"金刚钻"是指微商的能力和素质，而"瓷器活"是指卖微商产品。本节主要向读者介绍打造优质微商的6项素质修炼，帮助大家迅速成为微商行业的佼佼者。

2.1.1 坚持，才能成功

坚持是微商外在的行为表现，做过微商的人就能体会，坚持做微商，坚持做好微商是一件比盖百层高楼还要难的事，更像是修长城一样，比的不是建成的速度，而是宽度，比的是坚持。

因此，朋友圈中有些做微商的人，这个产品卖一阵子，那个产品也卖一阵子，产品不好卖、利润不高时，就换产品卖。这样给朋友圈的印象是，这个人什么都卖，却没有一样自己能记住的产品，这是朋友圈做微商最忌讳的事情。如果不坚持专注某一款产品，就很难成功，因为得不到客户的信任，也不会有自己的铁杆粉丝和老顾客。

从事微商行业，需要微商们的坚持，但是也要注意力气用在刀刃上，坚持是有方向性、选择性和灵活性的，坚持对了才叫坚持，坚持错了叫顽固。下面对微商坚持的方向性、选择性和灵活性进行图解分析，如图2-1所示。

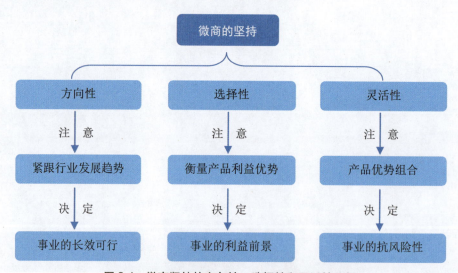

图2-1 微商坚持的方向性、选择性和灵活性分析

坚持既有内在的又有外在的，内在的坚持是对做微商事业的理念、定位、宗旨不变，外在的坚持是对做微商事业的经营方向、经营模式和经营平台不变。从根本上来

说，只要内在的理念方针和定位宗旨不变，就不能说没有做到坚持，顺应时事，顺应粉丝，有方向性、选择性、灵活性的改变是为了将事业更长久、长效地坚持下去。

2.1.2　专注，才有效果

微商对自己所卖产品不够专注有3个方面的原因。一是纯粹进来凑个热闹，并没有想要在微商行业做出一番事业的想法，这是态度问题。二是意志力不够坚定，总想着借鉴他人，看着别人做什么产品做得好就跟风，完全不考虑自己的定位和特长，这是眼界能力问题。三是对其他工作投入太多，根本分不出精力来管理自己的微商产品，没有时间发朋友圈，没有时间与顾客沟通，这是时间问题。

进入微商行业，专注地在某一领域深耕，往往专注能解决一些能力上的不足。选好定位，做自己擅长的事，不要总是跟别人比，越比较越迷茫，瞻前顾后、左右摇摆会毁掉自己的事业，把力道都集中在一个点上，就会有水滴石穿的效果，越专注，时间越长，经验和感情的积累在粉丝心中越可能会转化成认可、信任。

【营销案例】

给大家举一个例子来浅化一下这个道理，比如月光博客，作者是龙威廉，在自明星领域里是做得非常出色的，曾在2008年选入新浪网年度十大IT博客之一，也是极少数能被收录到百度新闻源里的独立博客之一，如图2-2所示。

图2-2　月光博客被收录到百度

月光博客专注的表现在于它能够持续十多年地更新，也表现在它一直坚守在它所擅长的IT领域，用严谨的态度和专业的知识做文章，没有为了迎合大众的口味把博客做得娱乐化、生活化，时间越长越让读者感觉靠谱。

如图2-3所示为月光博客的微信公众号，以及在微信公众号中做的外链博客页面。

图 2-3　月光博客的微信公众号及博客页面

2.1.3　努力勤奋，才有丰厚的产出

微商要具备勤奋、废寝忘食的拼搏精神，认认真真、不怕吃苦、踏实做好每一份微商事业，才能得到丰厚的产出与回报。

比如，每天晚上8点到10点之间，是微店、淘宝等平台的黄金销售时间，因为这段时间大家处于休闲、放松、刷手机的时间段。这个时候咨询微商产品的顾客也比较多，所以微商是最忙的时候。别人在看电视、刷新闻、购物，而微商们在陪顾客聊天、推广告、策划活动等，有些微商这个时间还在各自的品牌团队中学习如何提升营销技巧、沟通技巧、服务技巧等。

2.1.4　知识提升，才显得高端上档次

作为一个微商，需要有非常丰富的知识和高强度的大脑，知识是微商创作的核心力量，也是一切文化事业的动力源泉。如果缺少知识的储备，微商的内容创作将缺少一个动力基础，即使勉强创作出来，也很难做到有说服力和吸引力。下面以图解的形式向读者介绍微商在朋友圈的内容创作中知识的重要性，如图2-4所示。

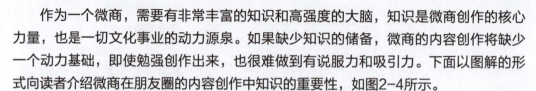

微商们需要多学习和多阅读技术技巧性知识、社会知识、文化知识，慢慢积累文化底蕴和知识能量，厚积薄发。

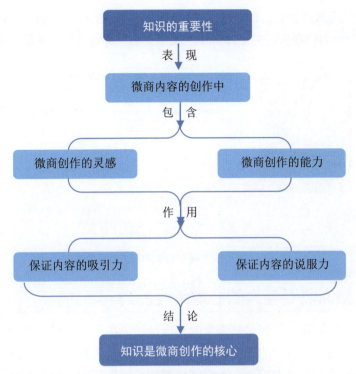

图 2-4 知识在微商内容创作中的重要性

微商在朋友圈中的内容创作是一项高强度的脑力输出,并且是硬性的定期、持续输出。这经常困扰着微商创作者,感觉自己二三十年的学习积累和人生感悟,十几篇朋友圈软文就被掏空了,然后就失去了后续创作的灵感和动力。微商们需要注意,朋友圈的软文如果广告性太强,容易被人屏蔽。因此,软文都需要带有感情,让人有想看的冲动和欲望,这样的微商才是成功的微商。

【专家提醒】

套用OPPO手机的一句广告语,做微商内容创作者在知识学习和知识输出上就要追求"充电五分钟,通话两小时"的能力,做到看别人1篇文章自己能想出4篇文章的写法。但是达到这种能力需要长时间的修炼和积累。对于一般的微商创作者来说,还是处于"学习两小时,写作5分钟"能力水平,所以更需要坚持学习,不断提升。

2.1.5 锻炼自己的营销和赚钱能力

做微商是为了什么?肯定是为了卖产品、卖货、发展代理商,所以微商需要锻炼自己的营销和赚钱的能力,这种能力称为商业能力。有些微商并不是天生的好口才,那么我们可以学习这方面的营销书籍，学习如何在朋友圈提升微商的营销技巧。

如图2-5所示为作者推荐的一本关于朋友圈营销和赚钱方面的书籍，供大家学习。

图2-5　关于朋友圈营销和赚钱方面的书籍

2.1.6　微商需要强大的心理承受能力

做生意、做业务的人，都需要强大的心理承受能力，特别是从事微商行业的人，因为在网上会遇到各种各样的顾客，买了产品之后各种刁难，有的要求退货，有的因为不喜欢，有的希望商家返现金，否则就给差评。这些压力一部分来自顾客，另一部分来自同行的打压。

因此，需要微商们逐一攻克，需要强大的心理承受能力和沟通技巧。如果微商的定力不够，可能就容易慢慢放弃。

2.2　4种方法，塑造高端个人微商IP品牌

如何塑造出高端的个人微商IP品牌，是我们微商一直想达到的目标。因为打造出了个人IP品牌，能够吸引大批的粉丝，激发顾客的购买力，能够在公众之间建立一种权威形象，并且形成影响，吸引广告合作和商业融资，进行商业化扩大和升级。本节主要介绍通过4种方法塑造高端个人微商IP品牌的方法。

2.2.1　销售的产品一定要安全健康

近年来，安全健康等方面的信息广受消费者关注。随着人们消费水平的不断提高，对产品质量要求也越来越高，如产品是否为真货、对身体有没有副作用等。

关于安全健康的词汇频繁出现在人们眼前，如"无矾油条""一次性汤锅的火

锅""绿色无污染的蔬菜""无添加剂零食"等,这就意味着微商们要从观念和行动上对产品做出高质量的要求,给予顾客安全保障。

如图2-6所示为朋友圈中微商发出的产品推广信息,注重产品质量、保证正品。

图 2-6　微商发出的注重产品质量的推广信息

2.2.2　消费群体一定要强大,覆盖广

微商面对的大多是终端用户,直接面对消费者本人,因此出售的产品所覆盖的消费群体范围一定要广,覆盖人群越广,产品的使用量就越大,销量就越高。在2015年的时候,为什么在朋友圈卖面膜的微商那么多,十个微商有八个都在卖面膜,而且价格还那么贵,好多为198元一套,这就是因为面膜覆盖的消费群体很大,几乎覆盖了所有女性和部分男性群体,市场很强大。到2016年的时候,虽然卖面膜的微商减少了许多,但面膜的销量依然很大。

2.2.3　产品卖点独特,才能成为爆款

产品的卖点要独特是指产品拥有很特别的优势,意思就是能够为消费者提供良好的消费体验,有产品独特的个性。这种体验就是消费者在使用产品的过程中对产品和其相关服务产生的一种认知和感受。这种体验的好坏直接影响了消费者是否会对产品产生好感,从而进行二次购买。

很多微商都无法提供让消费者满意的消费体验,原因就在于他们没有仔细站在消费者的角度为他们考虑。那么,爆品的成功打造为什么要展现优势,替消费者考虑

呢？我们将这个原因总结为三点，如图2-7所示。

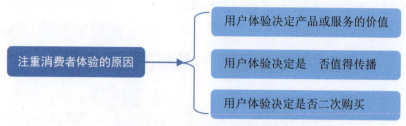

图 2-7 注重消费者体验的原因

【营销案例】

以OSA（欧莎）品牌服饰店为例，它不仅全面体现出了自身优势，还全心全意为消费者考虑，做到了把消费者的体验放在第一位。比如，特别注重产品的细节方面带给消费者的体验，以店铺的一款女式衬衣为例，在产品的设计上，尤其专注于细节方面的打造：

- 简洁的领口设计，注重舒适体验；
- 绑带的镂空设计，注重时尚体验；
- 不规则的下摆设计，注重个性体验。

如图2-8所示，为OSA（欧莎）品牌服饰在微信中开设的微店店铺，粉丝数已达356.9万，其火爆程度可想而知。

图 2-8 OSA（欧莎）品牌服饰在微信中开设的微店店铺

2.2.4 口碑好易传播,才能口口相传

随着时代的不断发展进步,一个产品的口碑变得越来越重要,口碑营销也在市场中占据着举足轻重的地位。如何有效打造口碑,获得消费者的一致好评,已经成为每个微商需要重视的问题。

在以前,口碑传播的途径比较单一,主要依靠人们的口头传播。在移动互联网飞速发展的现在,口碑的传播方式发生了翻天覆地的变化,从口头传播到通过各种移动设备互相交流、传播,口碑的传播方式越来越丰富。

消费者可以利用移动端设备,随时登录微信、QQ、豆瓣、天涯、贴吧等社交软件,通过各种"空间"和"圈子"把自己对产品的使用感想发布出去,以供其他消费者借鉴和参考。这样一来,口碑传播的渠道就更加广泛,因为所有用来交流的平台都可以为口碑的传播出力。因此,口碑传播的速度不仅更快,影响的人群范围也更广。

因此,处在移动互联网这个特殊的时代下,产品的口碑已经变得愈发重要,消费者会根据口碑来对产品进行选择。

【营销案例】

以知名火锅海底捞为例,该企业就是依靠高质量和无微不至的服务来获得消费者的一致好评,并因此声名远扬,拥有无坚不摧的口碑,已经成为业界的典范。海底捞从自身着手,所有流程的打造都是本着顾客第一的原则,尽最大努力让顾客满意,这样客户才会自愿帮助企业宣传品牌,打造口碑。微博的网友对海底捞的评价如图2-9所示。

图2-9 微博的网友对海底捞的评价

【专家提醒】

海底捞的例子告诉每一个企业，要树立品牌，打造口碑，就得从顾客的角度出发，为顾客着想，一心一意为客户提供最优质的产品和服务。如果只是为了将产品销售出去，全然不顾客户的感受，那么企业多半是不会成功的。

2.3　4种方法，成为一位优秀的微商创业者

微商不仅仅是一份工作，更是一份事业，如何成为一位优秀的微商创业者，是我们每位微商都需要学习的。本节介绍4种方法，造就优秀的微商创业者。

2.3.1　先交朋友，再谈生意

我们遇到任何顾客，都要先了解你的顾客是哪种类型的人，他们的需求和痛点是什么，购买我们的产品主要是解决什么样的问题，用在哪些方面，给什么人购买。只有了解了这些问题，你才能根据顾客的实际需求，推荐最适合他的产品，这样的微商才是真正为顾客着想的，顾客也能感觉到你的真诚。就算这一次顾客没有购买你的产品，你也要以友好的态度来面对顾客，真诚为顾客服务，说不定下次这位顾客就会主动上门找你购买产品来了。

如果顾客一上来，你都不了解你的顾客，就直接推销对自己来说利润最大的产品，这时大部分顾客是不会买账的，微商们需要注意这一点。

2.3.2　将产品销售变成产品服务

我们虽然卖出去的是产品、是货物，但我们要有非常贴心的产品售后服务，这样才能让顾客二次购买，打造出优质的口碑形象。

例如，我们卖给某位顾客一盒护肤品，过段时间一定要问一下这位顾客的使用情况，肤质有没有改善、皮肤舒适度怎么样、有没有不良反应等，像关心朋友一样去真正关心你的顾客，多花些时间与顾客互动，服务可以让微商与顾客的关系更加紧密，使顾客二次购买我们的产品，并主动宣传我们的产品。

2.3.3　建立微商团队，抱团营销

微商赚钱通常有两种方式：一种是发展下级代理赚差价；另一种是自己直接卖货。相比之下，代理的钱才是"大头"，但是代理并没有那么容易做。

想要吸引代理，建立自己的微商团队，除了好的口碑产品，另一个就是产品的品牌了。在这个时代，消费者的品牌意识都非常强，觉得品牌的东西有质量保证，可以放心购买。因此，微商可以通过打造自己的品牌来吸引代理。

下面以图解的方式介绍朋友圈4种吸引代理的方法，如图2-10所示。

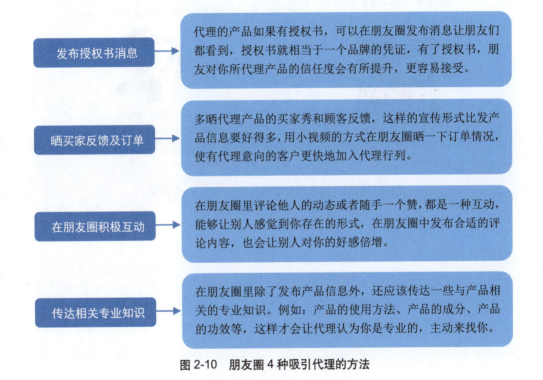

图2-10　朋友圈4种吸引代理的方法

2.3.4　成为某一个领域的行家、专家

其实，每一个微商都可以成为自己细分领域的专家。对某一事物精通，或者说有自己独到的见解，能给别人中肯的建议，帮助他们创造财富，成为别人的人生导师。当然，这些都需要时间、经验的积累，也需要自己有一定的学识基础，再通过后天的勤奋与努力，就能成为某一个领域的行家或专家。

【营销案例】

如图2-11所示为摄影构图细分领域的一位专家——构图君，现在已成为一名出色的摄影图书作家，在腾讯、千聊、京东等平台上过多次摄影微课，粉丝数量已上百万，是"手机摄影构图大全"微信公众号的创始人。

图 2-11 摄影构图细分领域的一位专家——构图君

第 3 章

微信功能：这样设计"门店"最有价值

学前提示

朋友圈是微商的"门店"，想要在朋友圈进行营销推广，就要先塑造自己的门店形象，包括微信头像、昵称、微信号、个性签名、背景墙等，对这些进行优化设置，能为朋友圈营销带来更多方便，可以对自己的产品进行更好的宣传，让更多的人了解、熟知。

要点展示

▶ 5大设计，搞定微信营销阵地
▶ 3大秘诀，设计朋友圈"门店"
▶ 5大微信功能，助力微商运营

3.1　5大设计，搞定微信营销阵地

现在的年轻人讲究潮流和时尚，因此朋友圈要做好营销，首先要做好微信的个性设计，如微信头像、昵称、微信号、手机号码以及个性签名等，搞定微信营销阵地。

3.1.1　头像，是产品的最佳广告位

现在都讲视觉营销，也讲位置的重要性，而微信朋友圈首先进入大家视野的就是微信的头像。可以说，这小小的头像图片，却是微信最引人注目的第一广告位！

在作者的微信朋友圈里，有几千个朋友，我对他们的头像，进行了一个分析总结，普通人的头像两种图片最多：一是自己的人像照片；二是拍的或选的风景照片。但是侧重营销的人，即使用人物，也更上一层楼，所以这三类照片用得多：一是自己非常有专业范的照片；二是与明星的合影；三是自己在重要、公众场合上的照片。

【营销案例】

不同的头像，传递给人不同的信息，注重营销的朋友，建议根据自己的定位来进行设置，可以从几个方面着手，下面以案例方式进行介绍，如图3-1所示。

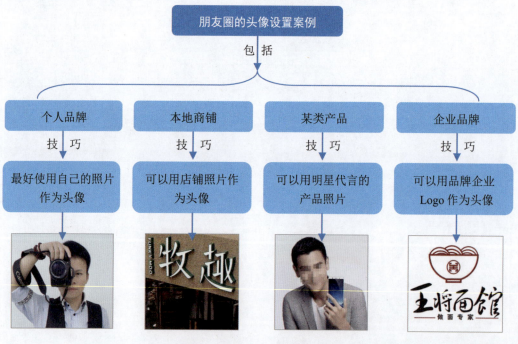

图3-1　朋友圈的头像设置案例

【操作过程】

在微信中设置头像的方法非常简单，具体操作步骤如下。

步骤 01 打开微信，❶点击右下角的"我"图标；❷点击最上面一行的"微信号"头像或名称，如图 3-2 所示；❸进入"个人信息"界面，如图 3-3 所示。

图 3-2　点击"微信号"头像

图 3-3　"个人信息"界面

步骤 02 点击"头像"名称，会弹出"图片"界面，用户可以选择"拍摄照片"，还可以直接选择照片，如图 3-4 所示。拍好或选好照片，按提示操作完成后，即可得到设置好的头像效果，如图 3-5 所示。

图 3-4　"图片"界面

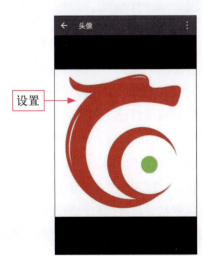

图 3-5　设置的头像效果

用户参照以上方法，将可以把头像换成对自己营销最为有利的各种图像。但切记，一定要让对方感到真实、有安全感，这样对方才会更加信赖自己，毕竟，有了信任，营销就会有好的开始。

3.1.2 昵称，简单顺口，方便口口相传

头像给人的是第一视觉印象，而昵称给人的是第一文字印象。从营销的角度，好的昵称自带品牌和营销功能，特别是在虚拟环境中，昵称是方便他人辨别的重要标志。因此，昵称一定要取好。

1. 昵称的取名风格

纵观微信界面，昵称可谓多种多样，风格不一，对其进行分类的话，主要有以下几种，如图3-6所示。

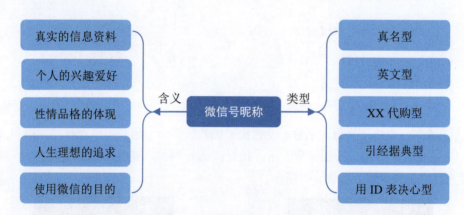

图3-6 微信号昵称取名分析

在朋友圈里，拥有一个得体又很有特色的昵称是非常重要的。对普通人来说，可能这个昵称无关紧要，只要自己高兴便好。但对微商来说，就要仔细斟酌，再三考虑，因为微商有着自己不同的目标，给好友呈现出独特的理念才行。因此，微商的昵称一定要有很高的识别度，总体要考虑两点：易记、易传播。

2. 微信昵称的常规取法

微信昵称的取法，这里给大家总结常见的两种。

- 真实取名。直接用自己的姓名或者企业名称来命名。
- 虚拟取法。可以选用一个艺名、笔名、网名等，但切记不要老换名称。

【营销案例】

一般情况下，微商的昵称前面都喜欢加一个英文字母A，这样就可以排列在手机通讯录的最前面，方便朋友们在第一时间找到，或者经常看到该品牌。图3-7所示为昵称前面加字母A，后面附带品牌名称的取名案例。

图 3-7　昵称前面加字母 A 的取名方法

3．昵称上附带电话号码

这里介绍一种独特位置的取名方法，即把自己的电话号码以小写的方式，置于名称的右上方位置，这种方法一般的人不会哦，这里分享给大家。

对于在微信朋友圈中的微商，让对方能够轻易且迅速地取得自己的联系方式是非常重要的。有些人会选择将电话号码放入昵称之后，可是这样可能会导致名称字数过长，一些有效信息被掩盖。这个时候，我们可以上网选择一种叫作"上标电话号码生成器"的程序，来解决这个问题。

【操作过程】

步骤 01　打开手机百度，❶搜索"上标电话号码生成器"，如图 3-8 所示；❷单击链接打开；❸将自己的号码输入；❹单击"一键转换"按钮，如图 3-9 所示。

步骤 02　执行操作后，就可以生成像链接一样的小数字，如图 3-10 所示。将这些数字复制粘贴在自己的昵称后面，这样既美观又方便的电话号码上标便做好了，效果如图 3-11 所示。如果要取消号码，直接在昵称后删除即可。

图 3-8 搜索"上标电话号码生成器"

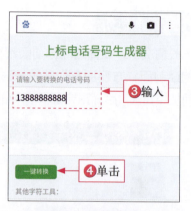

图 3-9 输入号码

图 3-10 生成像链接一样的小数字

图 3-11 电话上标示意图

3.1.3 微信号，体现品牌，容易记住

　　微信号是我们在微信上的身份证号码，具有唯一性，从营销的角度，一定要满足易记、易传播的特点，这样更有利于品牌的宣传和推广。

　　字母不宜过多，不然在向对方报微信号时容易造成困扰与疑惑，并且微信号中最好可以包含手机号或是QQ号之类的数字号码，好记的同时，也方便对方联系。

　　需要注意的是，微信号的设置必须以英文字母作为开头。接下来为大家介绍几种微信号的设置方式，如图3-12所示。

第 3 章 微信功能：这样设计"门店"最有价值

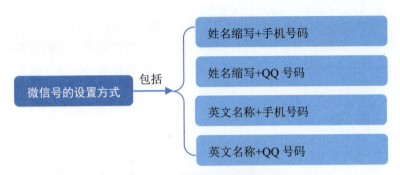

图 3-12 微信号的设置方式

【营销案例】

如果你的企业有大量客户，并且同时有多个微信号进行操作与维护，可以采取企业名称缩写加序列号的方式来区分，如flwh001、flwh002等。

如图3-13所示的微信号名称，它们的头像、昵称和微信号都是相互呼应的，不仅容易记，也容易传播，相当于自带广告属性。

 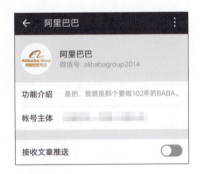

图 3-13 微信号名称案例

【专家提醒】

这两个微信号的名称都非常直白，几乎都是用品牌本身的拼音或者首字母缩写，后面可能加一些别的东西，如品牌的成立时间等。微商们可以借鉴、参考一下，将自己的微信号简化，甚至是带上公司或产品的信息，方便他人记忆的同时又添加了一个新的广告位。

3.1.4 手机号码，快速加微信好友的方式

作者早期没有太注意微信号的重要性，随便取了一个，现在想更改，却好像改不

了了，那怎么办？有没有什么后补的方法？有，那就是绑定手机号码。

有许多熟人，有我们的手机号码，却不知道我们的微信号，如何让他们通过手机号码就能加我们的微信号，方便他们随时找到我们？现在有办法了，大家只需要将手机号码和微信进行绑定即可。

【操作过程】

步骤 01 进入"我"界面，点击"设置"按钮，如图 3-14 所示。

步骤 02 进入"设置"界面，点击"账号与安全"按钮，如图 3-15 所示。

图 3-14　点击"设置"按钮

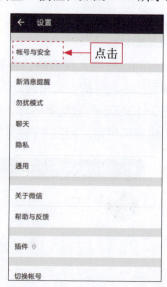

图 3-15　点击"账号与安全"按钮

步骤 03 进入"账号与安全"界面，点击"手机号"按钮，如图 3-16 所示，即可进入"绑定手机号"界面，在其中可以绑定或是自由更改绑定的手机号。

步骤 04 退出"账号与安全"界面，返回"设置"界面，点击"隐私"按钮，如图 3-17 所示。

步骤 05 进入"隐私"界面，点击"添加我的方式"按钮，如图 3-18 所示。

步骤 06 进入"添加我的方式"界面，在其中点击"手机号"右侧的开关按钮，使其呈绿色显示，如图 3-19 所示，即可通过手机号码查找并添加微信。

【营销案例】

当我们将手机号码与微信进行绑定之后，朋友圈中的人打开我们的微信"详细资料"页面时,即可在下方的"电话号码"一栏,查看到我们的手机号码,这样也方便微信中的朋友们打电话咨询相关的微商产品信息,如图3-20所示。

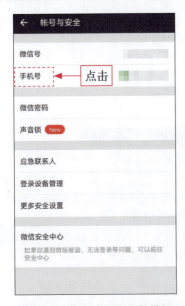

图3-16 点击"手机号"按钮

图3-17 点击"隐私"按钮

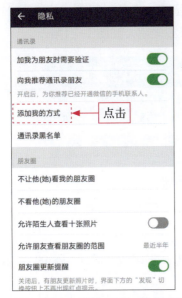

图3-18 点击"添加我的方式"按钮

图3-19 点击"手机号"右侧的开关按钮

图 3-20 "电话号码"一栏显示号码信息

3.1.5 个性签名,用来介绍产品与品牌信息

个性签名是微商向朋友圈中的好友展现自己品牌和产品最直接的方式,所以为了给客户留下一个好印象,我们应该重点思考如何写好个性签名。取什么样的个性签名,取决于我们的目的,是想在对方或客户心里留下一个什么印象,或达到一个什么样的营销目的,然后再提炼展示我们的产品、特征或成就,如图3-21所示。

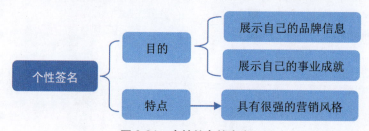

图 3-21 个性签名的内容

一般来说,不同微商的个性签名的设置大概有以下3种风格。

1. 产品介绍式

这种个性签名可以说是一般微商最常用的方式,它采取了简单粗暴的方式直白地告诉对方他所营销的产品与类型。

【营销案例】

图3-22所示为以产品介绍式为主的个性签名,微商们可以参考、借鉴。

图 3-22　产品介绍式的个性签名

2．成就展示式

使用这种个性签名的微商，一般都有一定的营销能力与眼界，他的身份很少会是基层的销售人员，作为微商管理层人员的可能性更高一些，但他绝对也是销售与宣传环节不可缺少的一员。

【营销案例】

例如，接下来介绍的两位培训讲师，如图3-23所示。他们并不直接对外销售课程。也就是说，交易的直接过程他们并没有参与，可是他们同样也提供营销与广告宣传，因为他们是整个销售过程的一个环节。

3．个人风格式

这是个性签名中最普通的一种风格，选择此种风格的微商会根据自己的习惯、性格特征、喜欢的好词好句等来编写个性签名。一般来说，微信的普通用户都会选择这种风格作为自己的个性签名。

【操作过程】

在添加好友的过程中，个性签名十分重要，好的签名能使对方留下深刻的印象。接下来为大家介绍设置个性签名的操作方法。

图 3-23　成就展示式的个性签名

步骤 01　首先进入"我"界面，❶点击"微信号"按钮，如图 3-24 所示，进入"个人信息"界面之后，点击"更多"按钮，进入"更多信息"界面；❷点击"个性签名"按钮，如图 3-25 所示。

图 3-24　点击"微信号"按钮　　　图 3-25　点击"个性签名"按钮

步骤 02　进入"个性签名"界面，❶在编辑栏中输入个性签名；❷输入完成后点击"保存"按钮，如图 3-26 所示；❸设定成功后效果如图 3-27 所示。

图 3-26 进入"个性签名"界面

图 3-27 设定完成的效果

3.2 3 大秘诀，设计朋友圈"门店"

在朋友圈中，背景墙是绝佳的商品展示位，显示在朋友圈个人主页的最顶端，也是在最显眼的位置。我们通过设置朋友圈的封面背景墙和地址信息，可以对产品进行无声的宣传。另外，在发文的评论区通过信息评论功能，可以让关键的营销内容一目了然。本节主要介绍设计朋友圈"门店"的操作方法。

3.2.1 朋友圈背景墙，品牌形象最好的展示位

从位置展示的出场顺序来看，说头像是微信的第一广告位不假，但如果从效果展示的充分度而言，背景墙图片的广告位价值更大，大在哪儿？大在尺寸，可以放大图和更多的文字内容，更全面、充分地展示我们的个性、特色、产品等，完美布局。

【营销案例】

微信的背景墙照片，其实是头像上面的背景封面，下面给大家看看，做得比较好的微商的效果案例，如图3-28所示。

微信的这张背景墙照片，尺寸比例为480×300左右，因此大家可以通过"图片+文字"的方式，尽可能地将自己的产品、特色、成就等，完美布局，充分展示出来。

【专家提醒】

大家可以自己用制图软件去做，也可以去淘宝网搜索"微信朋友圈封面"，已经

有专门做广告的人为大家量身定制这个主题广告照片了。

图 3-28　制作精美的主题照片

【操作过程】

下面介绍设置朋友圈背景墙照片的操作方法。

步骤 01　进入"发现"界面，❶点击"朋友圈"按钮，如图 3-29 所示，进入"朋友圈"界面，❷点击背景照片，会弹出"更换相册封面"按钮，❸点击"更换相册封面"按钮，如图 3-30 所示。

图 3-29　点击"朋友圈"按钮　　　　　图 3-30　"朋友圈"界面

步骤 02 进入"更换相册封面"界面后，❶点击"从手机相册选择"按钮，如图 3-31 所示；❷选择一张合适的照片，封面便设置完毕，效果如图 3-32 所示。

图 3-31 点击"从手机相册选择"按钮

图 3-32 设置完毕的效果

3.2.2 地址信息，朋友圈中第二广告位

在发朋友圈时有一个特别的功能叫作"所在位置"，你可以利用这个功能定位你的地理位置。更特别的是，我们可以通过这个功能，给朋友圈营销带来更多的突破点。如果利用得当，甚至可以说是给朋友圈营销又免费开了一个广告位。

【营销案例】

如图3-33所示，这条朋友圈下方的文字就是利用了"所在位置"这一功能，给品牌又打了一次广告。这位微商将所在地址和广告信息叠加起来，向手机那头的消费者介绍自己正在经营的品牌、业务。

【专家提醒】

一个真正成功的朋友圈商家，应该能够合理利用每一个小细节来进行营销，这个小细节的难度并不高，仅仅是利用微信中自定义位置的功能，就能够成功设置得当。

【操作过程】

接下来介绍在朋友圈中添加地址信息的操作方法。

图3-33 用"所在位置"功能给品牌打广告的朋友圈

步骤 01 ❶编辑一条朋友圈信息;❷点击"所在位置"按钮,如图3-34所示,进入"所在位置"界面,点击"搜索附近位置"按钮;❸输入一个地理位置进行搜索;❹在弹出的搜索结果中,点击"没有找到你的位置?创建新的位置:"按钮,如图3-35所示。

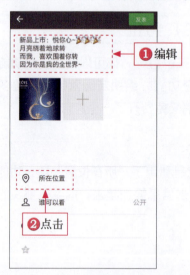

图3-34 点击"所在位置"按钮　　　　图3-35 点击相应按钮

步骤 02 弹出"创建位置"界面,❶可以填写地点、品牌、宣传语等,下面还可以带上电话号码以方便对方联络商户;❷点击"完成"按钮,如图3-36所示;❸设置完毕后朋友圈效果如图3-37所示。

图3-36 填写"创建位置"信息

图3-37 设置完成的效果

3.2.3 信息评论,让折叠的广告信息全部显示

微商们在发朋友圈进行营销时,如果广告文本超过140字,则文字可能会被折叠起来。在这种时候,客户很少会点进原文里仔细阅读。因此,微商们应该想一个办法来让自己所写的内容,能够完完整整被大家看到。

【营销案例】

将文本的重要信息节选出来,放在评论里是一个十分明智的做法,因为微信评论是不会被隐藏起来的。当然,有一些商家嫌提炼重点太麻烦,也会选择直接将文本复制至评论处。在评论处复制微商广告信息的效果如图3-38所示。

在图3-38的两张图中,这两位微商都发了一条关于产品业务类的朋友圈。可由于字数太多,他们的朋友圈信息并没有显示完整,其他内容如果不展开的话,都不能被意向客户读到。随后微商自己可能也意识到了这个问题,于是将一开始写好了的文本重新复制粘贴在评论区中。

【专家提醒】

除了原来的文本信息,如果微商在广告之后还有需要补充的信息,也可以直接写在评论处,这样,点赞或评论过那条朋友圈的所有人都能看到所发的有效信息。

图 3-38　在评论处复制营销信息的效果

【操作过程】

下面介绍在朋友圈的评价处复制与粘贴广告信息并发布的操作方法。

步骤 01　在朋友圈中发布一条信息，然后长时间点击信息内容，❶在弹出的快捷菜单中选择"复制"命令，如图 3-39 所示，对信息内容进行复制操作；❷点击信息下方的"评论"图标；❸在弹出的浮动框中点击"评论"按钮，如图 3-40 所示，在输入框中点击不放；❹在弹出的快捷菜单中选择"粘贴"命令，如图 3-41 所示。

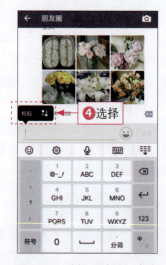

图 3-39　选择"复制"命令　　图 3-40　点击"评论"按钮　　图 3-41　选择"粘贴"命令

步骤 02 ❶将内容粘贴至输入框内；❷点击右侧的"发送"按钮，如图3-42所示；❸即可在评论区显示刚才复制与粘贴并发送成功的评论信息，如图3-43所示。

图3-42 点击"发送"按钮

图3-43 发送的信息评论内容

3.3 5大微信功能，助力微商运营

在微信朋友圈的营销过程中，掌握好一些微信的基础功能，可以让我们找到最简单又省时的方法来有效地宣传和经营生意。本节主要介绍微信5大实用功能的操作。

3.3.1 群发助手，最快速又免费的营销手段

微信"群发助手"是一款方便、快捷的微信营销软件，可以同时多渠道推送产品信息。因此，群发消息对微商们来说实在是太实用了，它可以节省大量时间。微信"群发助手"简介如图3-44所示。

群发消息是非常方便的，不用一个个去发，节省了很多流程和时间。对微商来说，群发消息是对销售推广很有利的一个功能。这一款软件在应用时有着诸多优势，如图3-45所示。

【操作过程】

下面介绍使用微信"群发助手"功能的具体操作方法。

步骤 01 打开微信，进入"我"界面，点击"设置"按钮，进入"设置"界面，❶点击"通用"按钮，如图3-46所示，进入"通用"界面；❷点击"辅助功能"按钮，

如图 3-47 所示。

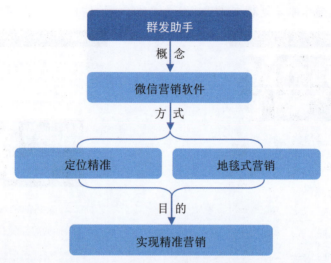

图 3-44　微信"群发助手"简介

图 3-45　微信群发消息的优势分析

图 3-46　点击"通用"按钮

图 3-47　点击"辅助功能"按钮

步骤 02 进入"辅助功能"界面，❶点击"群发助手"按钮，如图3-48所示，进入"功能设置"界面；❷点击"开始群发"按钮，如图3-49所示。

图 3-48　点击"群发助手"按钮　　　　图 3-49　点击"开始群发"按钮

步骤 03 进入"群发助手"界面，❶点击"新建群发"按钮，如图3-50所示，进入"选择收信人"界面；❷选择要群发消息的用户，并点击"下一步"按钮，如图3-51所示，进入"群发"界面，编辑会话并点击"发送"按钮，整个过程就完成了。

图 3-50　点击"新建群发"按钮　　　　图 3-51　点击"下一步"按钮

群发消息虽然每个人都可以收到，可是如何保障几乎每一个人都乐意读到信息并且进行回应呢？下面介绍群发消息需要注意的4个关键点，如图3-52所示。

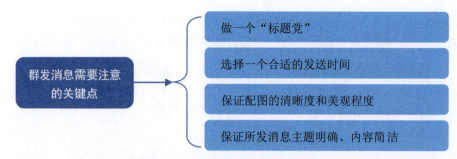

图 3-52 群发消息需要注意的关键点

关于上图中所示的4个关键点，下面逐一进行介绍。

第一点，我们要保证所发消息的内容足够简洁，主题明确。不要大篇幅煽情，能够让人轻易抓住重点。而且所发的内容不要是纯广告，一定要引人注目，这样微信好友才能愿意去读、去交流。

第二点，如果所发的信息内容有配图，那么一定要保证图片的清晰和美观程度。而且对方在接收图片的时候，很有可能发生图片被压缩的情况，所以必须保证所配照片的重点在中间部分而不是边角边框上。不然会让对方不知所云，不能准确地理解信息中的意思。

第三点，争取做一个"标题党"。一个好的标题是成功的一半。如果标题不够新颖，有些人可能根本都没有往下读的兴趣。或者是用标题营造一种紧迫感，让人觉得"读了大概能讨到好处、不读肯定会亏"的感觉。

第四点，选择合适的发送时间。这个时间段应该集中在一日三餐和晚上8点过后10点之前。不能太晚，不然容易打扰别人的睡眠时间而使对方一气之下直接拉黑。

3.3.2 表情商店，增添娱乐气息讨用户欢心

现在的网络社会，表情包是一个十分常用的功能。它可以恰如其分地表达出使用者内心的感受，同时又起到娱乐的作用，给观看者带来愉快的感受。

除了日常的玩笑与调侃，在营销之中，它同样可以作为拉近与客户关系的利器供商户们使用。微商们也可以合理利用这一功能，吸引客户的注意，为对方营造一个舒适的说话环境，树立幽默、亲切、好说话的个人形象。

【营销案例】

除了在聊天中可以派上用场之外，表情包同样可以用于朋友圈营销中。在发广告文本时，配上一个有趣的表情包图像，能够吸引微信用户们的注意，增加广告文本的

阅读量。如图3-53所示，是一款减肥产品的广告，图中的微商所销售的减肥产品配上了一个可爱的表情包，增添了许多娱乐的气氛。

图 3-53　表情用于朋友圈的营销中

【操作过程】

下面介绍使用表情包与客户进行聊天的操作方法。

步骤 01　打开微信，进入"我"界面，点击"表情"按钮，如图3-54所示。

步骤 02　进入"表情"界面后选择感兴趣的表情包，点击"下载"按钮，开始下载表情包，并显示下载进度条，如图3-55所示。

图 3-54　点击"表情"按钮　　　　　图 3-55　显示下载进度条

步骤 03 下载完毕后打开与客户的聊天界面，点击下方图标☺，如图3-56所示。

步骤 04 随后列表框中会弹出一系列表情，选择合适的发送给对方即可，发送表情包效果如图3-57所示。

图3-56　点击下方图标

图3-57　发送表情包效果

【专家提醒】

在聊天的时候，表情包同样也可以起到很重要的作用。当说话双方碰上一个尴尬的话题瓶颈区时，表情包可以合时地打破奇怪的气氛，引起一阵表情包对抗赛，能够缓解尴尬，加深彼此的熟悉度。

3.3.3　聊天置顶，将重要的信息排在最前面

基于微信朋友圈的作用，使得其在必要的时候需要进行聊天置顶设置，有利于微商迅速找到重要信息或关键客户。其中，在同时聊天的人很多的情况下，重要客户的置顶设计对商家来说，既能节省寻找客户的时间，又能使操作更加便捷。

【操作过程】

下面介绍在微信中将重要客户聊天置顶的操作方法。

步骤 01 打开某个重要客户的聊天窗口，点击右上角图标，如图3-58所示。

步骤 02 进入"聊天信息"界面，点击"置顶聊天"按钮，如图3-59所示，即可完成设置。

图 3-58　点击右上角图标

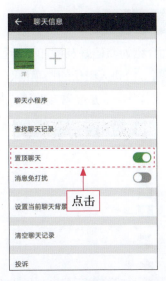

图 3-59　点击"置顶聊天"按钮

3.3.4　标签分组，将同类客户放在一个分组

　　微商在经营过程中，会遇见很多不同的客户，如需求不同、性格不同、消费水平不同等。每一种客户都有适合他们的销售模式或者是商品。因此，为了方便精准推荐产品，微商们应该将这些好友分门别类，进行分组管理，为自己的销售生活提供便利。

　　微信好友分组管理有很多不同的模式，具体如图3-60所示。

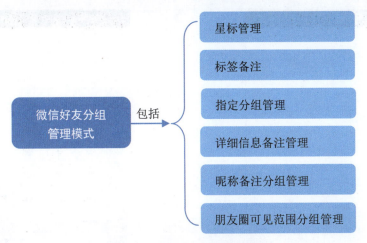

图 3-60　微信好友分组管理模式

🔄【操作过程】

下面介绍为微信好友添加"标签"的操作方法。

步骤 01 进入微信的"通讯录"界面，❶点击需要添加"标签"的微信好友，如图3-61所示，执行操作后，进入"详细资料"界面；❷点击"设置备注和标签"按钮，如图3-62所示。

图 3-61　点击需要添加的好友

图 3-62　点击"设置备注和标签"按钮

步骤 02 进入"备注信息"界面，❶点击"标签"按钮，如图3-63所示，进入"添加标签"界面；❷选择一个标签，如图3-64所示。

图 3-63　点击"标签"按钮

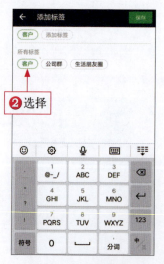

图 3-64　添加标签

步骤 03 设置完成后，❶点击"保存"按钮，返回"备注信息"界面，"标签"下方显示了"客户"，如图3-65所示；❷继续点击"完成"按钮，返回"详细资料"界面；❸在"标签"右侧也显示了设置好的标签分组信息，如图3-66所示。

图3-65 显示了"客户"

图3-66 设置好的标签分组

3.3.5 自动收款，设定微信二维码及时收钱

近几年科技发展得十分迅速，现在我们出门都不需要带钱包、银行卡或是现金。无论是大的购物商城抑或是小的便利店，哪怕是路边小摊上都会张贴二维码。随时随地，只要一部手机就能完成付款，安全又方便。

商户在与客户做生意时，也应该尽量使用在线支付。因为这样比较方便，不需要到处找零，也不需要抽出时间去银行存钱，甚至不需要面对面。只需要轻轻扫一下收款的二维码，钱立马能从对方账户汇入你的账户当中。

【操作过程】

下面为大家介绍使用微信二维码自动收钱的操作方法。

步骤 01 打开微信，点击右上角 ➕ 图标，如图3-67所示。

步骤 02 弹出列表框，点击"收付款"按钮，如图3-68所示。

步骤 03 进入"收付款"界面后，点击"二维码收款"按钮，如图3-69所示。

步骤 04 "二维码收款"界面如图3-70所示，当客户需要向你付款的时候，打开这个界面，就能顺利完成收款了。

图 3-67 点击右上角图标

图 3-68 点击"收付款"按钮

图 3-69 点击"二维码收款"按钮

图 3-70 "二维码收款"界面

【专家提醒】

收款之前，可以自定义收款金额，对方扫描你的二维码时就可以直接支付他所需要支付的金额了。当然，如果不能与客户面对面地进行资金转移，也可以把二维码保存至手机相册然后发给对方，此时哪怕长距离也能完成营销了。

第 4 章

引流涨粉：从 0 到 10000 个铁杆粉丝的建立

学前提示

想要获得微信朋友圈人气，拥有更多的好友和粉丝，就要增加自己的曝光率，将焦点引导到自己的产品上。用好微信扩充朋友圈的功能，有助于吸引更多粉丝的关注，让自己的好友越来越多。本章主要介绍微信朋友圈吸粉引流的各种实用方法。

要点展示

▶ 6 大功能，巧获大量粉丝
▶ 14 种方法，海量导流火爆朋友圈

4.1 6大功能，巧获大量粉丝

微信如此受欢迎也是由于它有很多好玩、实用的功能，如扫一扫、摇一摇、附近的人等，而这些功能还能作为找到好友、添加好友的渠道。本节主要介绍通过6大内置功能巧获大量粉丝的操作方法。

4.1.1 手机联系人，将熟人加入微信圈

图 4-1　作者手机通讯录人数

在这个以手机为主要通信工具的时代，手机通讯录就相当于人的社会关系的一个缩影，它是人的各种社会关系的具体表现，里面有亲人、好友、同学、领导、同事、客户等，少的有几十个，基本上都有上百个，就以作者为例，目前就有889人，如图4-1所示，人际关系如果发达的，估计有上千人。

特别是使用同一个手机号越久的人，里面储存的人际资源就越多。俗话说：创业需要第一桶金，而在如今人气就是财气的网络时代，我们需要第一桶"人气"，而最好的人气资源就是我们的手机通讯录。

因为手机通讯录里面的人，我们基本上知根知底，这样就可以很好地根据自己营销的需要进行分类、标注，发送针对性的信息，实现用户群体、品牌建设和产品推广的精准营销。

【操作过程】

如果用户手机中有许多通讯录号码，此时可以通过微信服务插件，将通讯录中的号码全部添加至微信列表中，使其成为微信朋友圈中的一员。

步骤 01　打开微信，❶点击"通讯录"按钮，进入"通讯录"界面；❷点击右上角的➕按钮；❸在弹出的列表框中选择"添加朋友"选项，如图4-2所示；进入"添加朋友"界面；❹点击"手机联系人"按钮，如图4-3所示。

步骤 02　进入相应页面，此时系统将自动获取手机通讯录的朋友，未添加微信好友的右侧，会出现"添加"字样，❶点击"添加"按钮，如图4-4所示；❷进入"验证申请"界面，输入验证信息和备注信息；❸点击右上角的"发送"按钮，如图4-5所示。提示信息发送成功，待对方确认后，即可添加成功。

图 4-2 打开微信

图 4-3 点击"手机联系人"按钮

图 4-4 点击"添加"按钮

图 4-5 输入验证信息

4.1.2 QQ 好友,网络中大量好友的聚集地

如果说手机通讯录是我们的第一桶"人气资源",那第二桶非QQ好友莫属。

现在每个人至少都有一个专用的QQ,里面也有各类人际对象,估计手机通讯录有的,QQ好友上都有,手机通讯录里没有的,QQ好友上也有,在一定程度上可以扩大朋友圈"人气"数量,如图4-6所示为作者的QQ好友资源。

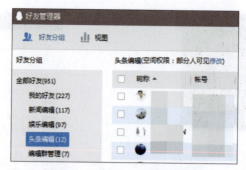

图 4-6　作者的 QQ 好友资源

腾讯QQ目前是我国使用频率最高的社交工具，它经过长期的发展，其用户资源非常丰富，而且用户也因为长期的使用，好友人数日益积聚。如果将这些资源有针对性地移植到微信圈中，扩大朋友圈人气，将会获得更多精准性的人气资源。

【操作过程】

下面介绍将QQ好友加入微信朋友圈的操作方法。

步骤 01　在微信界面中，进入"添加朋友"界面，❶界面上方的搜索栏中显示了"微信号/QQ号/手机号"等字样，如图4-7所示；❷在搜索栏中输入需要添加的客户QQ号码，如图4-8所示。

图 4-7　显示相应字样

图 4-8　输入客户 QQ 号码

步骤 02　在下方点击"搜索"按钮，即可搜索到客户的微信信息，❶点击"添加到通讯录"按钮，如图4-9所示，进入"验证申请"页面；❷输入验证申请信息；

❸点击"发送"按钮，如图 4-10 所示，返回"通讯录"界面，提示信息发送成功，待对方确认后，即可添加成功。

图 4-9　点击"添加到通讯录"按钮

图 4-10　"验证申请"界面

4.1.3　附近的人，将陌生人 5 秒变成熟人

在微信界面中，有一个十分新颖的功能，叫作"附近的人"。

它可以定位你当前的位置，并且自动搜索周围同样也开启了此种功能的微信用户，继而可以发送添加好友的邀请。当然，当我们的位置发生变化时，"附近的人"列表同样也会发生变化。

从营销角度来说，这是一个非常适合大规模添加用户的机会，并且将他们发展成自己的客户，进而获得更多利润。那么我们应该如何使用这种功能来大规模地添加微信粉丝呢？

【操作过程】

下面介绍通过"附近的人"添加好友的操作方法。

步骤 01　在登录微信之后，进入"发现"界面，❶点击"附近的人"按钮，如图 4-11 所示，在"附近的人"界面中，可以看到大量微信用户；❷点击一位用户的微信号按钮，如图 4-12 所示。

图 4-11　点击"附近的人"按钮

图 4-12　点击微信号

步骤 02　进入"详细资料"界面，❶点击"打招呼"按钮，如图 4-13 所示，进入"打招呼"界面；❷编辑说话内容；❸点击"发送"按钮，如图 4-14 所示。

图 4-13　点击"打招呼"按钮

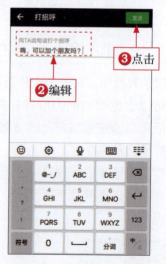

图 4-14　点击"发送"按钮

在把"附近的人"列表里的人添加为好友后，应该要做些什么呢？

首先，我们不能加了好友之后立马就开始推销产品，这样只会让对方觉得你诚意不够，加好友只是为了打广告，可能还会在你的广告信息传过去之后立马把你拉黑。凡事都讲究循序渐进，对新添加的好友应该要礼貌地打招呼，并且多在朋友圈中进行互动。这样一方面可以避免陷入尴尬的对话局面，另一方面又能和对方加深认识。

其次，大家应该要学会展示自身的魅力，这样对你根本没有一丝了解的新好友才能留下良好而深刻的第一印象。当然，这种魅力展示最好留在朋友圈里，让对方作为绝对客观的第三者来判断。不过，这种魅力是装不出来的，它需要大家从生活中不断积累，多读书、读好书，有相对来说比较高雅的艺术欣赏水平，不要依赖于心灵鸡汤，应尽量展示自己的豁达与风雅。

最后一点相比起前两点来说，就比较直白了。这要求大家将自己的签名栏里加上广告语。这一点的优点就是，不管对方有没有通过你的好友请求，他都潜移默化地记住了你所销售的东西，这就产生了一定的广告效应。

4.1.4 使用"摇一摇"，晃动手机添加粉丝

"摇一摇"是一个十分有意思的大规模交友功能。当你打开这个功能并且摇晃手机时，手机系统将为你推荐和你同一时段摇动手机的用户。大家可以通过这一功能，最大限度地增加粉丝、提高销售量。

【操作过程】

下面介绍通过"摇一摇"功能添加好友的操作方法。

步骤 01 打开微信"发现"界面，点击"摇一摇"按钮，如图4-15所示。

步骤 02 进入"摇一摇"界面，如图4-16所示。

图 4-15 点击"摇一摇"按钮

图 4-16 "摇一摇"界面

进入界面后晃动手机，系统就会自动给用户推荐其他微信用户，这时直接添加就可以了。那么商家如何利用这一功能实现增加好友数量这一目的呢？用"摇一摇"功能增加粉丝的方法如图4-17所示。

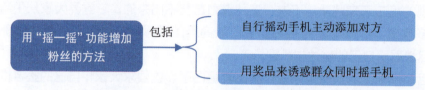

图 4-17 用"摇一摇"功能增加粉丝的方法

第一个方法比较笨但是几乎零成本。通过自己不断地使用"摇一摇"功能添加用户，和对方主动沟通交流。

第二个方法速度比较快，可是需要大家付出一些金钱上的投资。一般来说，参加"摇一摇"活动的人数和投入资金的多少是成正比的。奖品越丰厚，参与的人数自然会越多。

【营销案例】

下面用一个公众号的例子，为各位详细介绍一下这种营销方式。

在情人节，国内某个知名的珠宝品牌发起了一个"摇一摇"活动。该商户要求所有参加活动的全国用户都在同一时间使用"摇一摇"功能。后台会根据参与的用户来选择幸运的观众赠送品牌珠宝和一些其他小礼物。当然，在参与活动之前，用户们必须首先关注该品牌的微信公众号。

其实，无论是公众号还是私人账号，归根结底，营销的方式都是大同小异的。"吃人嘴短，拿人手软"，无论任何时候，优惠或是赠送政策，永远都是最管用的。付出一些小成本，得到未来的大利润，这也是营销过程当中大家需要学习的。

4.1.5 微信"扫一扫"，最便捷的加友方式

"扫一扫"功能现在非常火，已经成为一种流行趋势。当用户在拓展客户时，随时随地都可以通过"扫一扫"功能添加对方为好友，在后续发展中，通过微信进行沟通交流，维持与客户的熟悉程度。

【操作过程】

下面介绍通过微信"扫一扫"功能添加好友的操作方法。

步骤 01 在微信的"我"界面中,点击"扫一扫"按钮,进入"二维码/条码"界面,对准二维码名片扫描,如图 4-18 所示。

步骤 02 稍后将显示二维码读取的详细资料信息,点击"添加到通讯录"按钮,如图 4-19 所示,对方会收到添加信息,等待验证通过就能与对方成为好友。

图 4-18 扫描二维码　　　　　图 4-19 点击"添加到通讯录"按钮

4.1.6　海上"漂流瓶",大批客户"捡"起来

"漂流瓶"是一项可以和陌生人交流的软件,具有随机性特点。它原本是QQ上自带的功能,因为大受欢迎,所以也被运营商迁移到了微信功能当中。年轻人喜欢刺激,也爱认识新鲜事物。"漂流瓶"对他们来说,可以感受别人的生活,当遇见不好和家人朋友倾诉的事情时,能够找到一个地方发泄个人情感与愁绪。因此,这一功能年轻人更加常用。

在这一功能当中,发出和接收到同一个漂流瓶的两个人可以展开对话,如果聊天足够尽兴与契合,俩人也可以直接加对方为微信好友。对于聪明的商户,完全可以利用这一个功能,多与陌生人沟通与交流,发展更多的客户,提高营销水平。

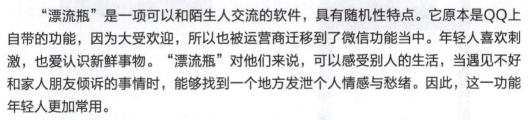

下面介绍通过"漂流瓶"功能"捞"客户的操作方法。

步骤 01 打开微信,点击"发现"按钮,进入"发现"界面,点击"漂流瓶"按钮,进入"漂流瓶"界面后,点击"捡一个"按钮,如图 4-20 所示。

步骤 02 进入捡瓶子界面，稍后提示捡到一个瓶子，可以打开，如图4-21所示。

图4-20 点击"捡一个"按钮

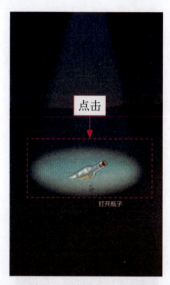

图4-21 提示捡到一个瓶子

步骤 03 在界面中点击该瓶子，即可打开瓶子查看其中的内容，点击下方的"回应"按钮，如图4-22所示。

步骤 04 进入聊天界面，❶在输入框中输入相应的回应内容；❷点击"发送"按钮，如图4-23所示，即可与对方进行聊天。

图4-22 点击"回应"按钮

图4-23 点击"发送"按钮

【专家提醒】

"捡瓶子"这个功能比"扔瓶子"更能够吸引到对方与你沟通,毕竟是对方自己发起的会话。因此,循循善诱帮助对方解决他的问题,或是根据他人的喜爱来谈笑风生,都可以达到快速添加好友的目的。

4.2 14种方法,海量导流火爆朋友圈

除了上一节中介绍的6种添加粉丝的方法,本节再向读者介绍14种吸粉引流的技巧,帮助微商们快速获取大量粉丝,火爆朋友圈。

4.2.1 实体店可面对面地宣传推广加微信

有实体店的老板要能够运用微信渠道来进行更多的互动和交流,这样就会有更多的回头客,稳住顾客,形成良性的关系。

实体店是一种很好的增粉渠道,想做微信营销的人一定要好好利用这个资源,实体店拓展粉丝的方法有如下几点,如图4-24所示。

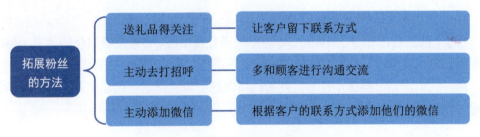

图4-24 实体店拓展粉丝的具体方法

做到以上几点后,要做的就是坚持、坚持、再坚持,这样,顾客就算不买衣服,过段时间也会买你的化妆品。

4.2.2 朋友圈让亿万粉丝为你营销助力

微信朋友圈的力量有多强大,相信不用作者说,大家都知道。微信运营者可以利用朋友圈的强大社交性为自己的微信号宣传推广,吸粉引流,从而增加客流量,提高产品销量。

想要激起用户转发分享,就必须有能够激发他们分享传播的动力,这些动力来源于很多方面,可以是活动优惠、集赞送礼等(在第8章中有详细案例介绍),也可以是

非常优秀的能够打动用户的内容。不管怎么样，只有能够给用户提供有价值的内容才会引起用户的注意和关注。

朋友圈强大的主要表现如图4-25所示。

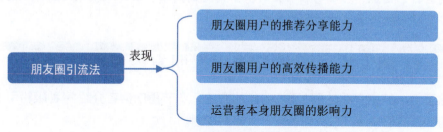

图 4-25 朋友圈引流法强大表现

4.2.3 QQ 签名/QQ 群/QQ 空间引流法

作为最早的网络通信平台，QQ平台的资源优势和底蕴，以及庞大的用户群，都是微商必须巩固的阵地，QQ群、QQ空间就是大家引流的方向。

下面介绍3种常见的在QQ平台中为微信引流的方法。

1. QQ个性签名引流

QQ个性签名是和QQ头像、QQ昵称一样会直接在QQ好友栏显示的信息，但QQ头像展示的内容有限，QQ昵称又可能被备注覆盖，所以QQ个性签名更加适合进行引流。商户只需要通过编辑个性签名就可以将需要引流的微信号信息展现在自己QQ好友的好友栏信息之中。

2. QQ群引流

目前，QQ群分出了许多热门分类，微信营销者可以通过查找同类群的方式，加入进去。进入群之后，不要急着推广引流，先在群里混成脸熟，之后可以在适当时期发布广告引流。关于在QQ群内利用信息推广实现引流的方法，如图4-26所示。

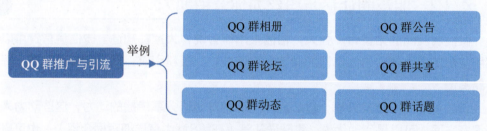

图 4-26 QQ群推广与引流方法举例

就QQ群话题推广与引流方法而言，可以通过相应人群感兴趣的话题来引导QQ群用户的注意力。例如在摄影群里，可以发布一段这样的内容："小伙伴们，我今天关注了一个微信号——手机摄影构图大全，里面有篇文章写得很好，是关于手机摄影的构图技法和辅助配件的，有兴趣的一定不要错过。"

3．QQ空间引流

QQ空间是微商可以充分利用起来进行引流的一个好地方，下面就为大家具体介绍6种常见的QQ空间引流方法，如图4-27所示。

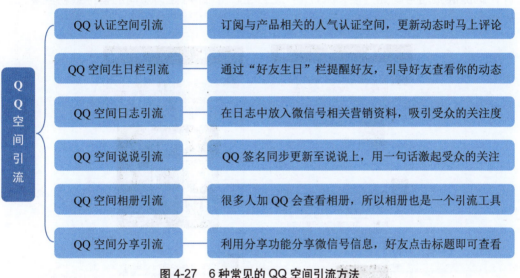

图4-27　6种常见的QQ空间引流方法

4.2.4　大号互推各取所需，实现共赢

通过爆款大号互推的方法，即微信号之间进行互推，也就是建立微信号营销矩阵，强强联手实现共赢。相信大家在很多微信群中，曾见到过某一个微信号会将产品信息给一个或者几个微信号进行推广的情况，这种推广就算得上是微信号互推。他（她）们可能是互相认识的朋友，甚至会约定好有偿或者无偿给对方进行微信号推广，最好是找一些微商大咖来帮你推广，他（她）们的凝聚力和影响力都较强。

商户在采用微信号互推吸粉引流的时候，需要注意的一点是，找的互推微信号销售的产品类型尽量不要跟自己的产品是同一个类型的，因为同类型微商营销人员之间会存在一定的竞争关系。两个互推的微信号之间以存在互补性为最好。举个例子，你的微信号是销售护肤产品的，那么你选择互推的微信号时，就应该先考虑找那些销售补水仪等仪器类的微信号，这样获得的粉丝才是有价值的。

【专家提醒】

微信号之间互推是一种快速涨粉的方法，它能够帮助商户的微信号短时间内获得大量粉丝，效果十分可观。

【营销案例】

如图4-28所示为微信号在朋友圈互推的营销案例，互推时可以直接提供二维码图片，比提供微信号码更方便，只需要"扫一扫"，即可让有意向的客户或粉丝添加为好友。

图 4-28　朋友圈互推的营销案例

4.2.5　粉丝越多微信平台互推效果越好

有很多风格相似的微信公众平台，就可以联合起来互相推广，这个方法跟大号互推有异曲同工之处。对于用户，经常会看到一些媒体账号会在平台里面推送其他的微信公众账号，通常用诸如"你不可错过的十大微信公众账号""清新雅致的读书号在这里"等标题来命名。

如果你的微信公众平台有了一定的粉丝量，那么你就可以找到和你有差不多粉丝量的微信账号。例如找到10个左右，然后和他们商量好，在各自的平台互相推广对方的微信公众账号，这样就可以共享粉丝，达到双赢。

【营销案例】

如图4-29所示为微信公众平台中的大号互推营销案例,文章结尾处都对微信号进行了推广、宣传,在增加曝光流量的同时,可快速进行海量导流。

图4-29 微信公众平台中的大号互推营销案例

4.2.6 活动吸粉可以让粉丝数量疯涨

营销是要靠活动支撑的,如果只是单纯的广告植入,它的关注度和阅读率是很低的。商家、网红们的微信要吸引众多粉丝,活动推广也是其中重要的一环。

【营销案例】

1. 线上活动

图4-30所示为"手机摄影构图大全"公众号组织的线上报名投票活动。

【专家提醒】

这是一种通过做活动来达到关注者的数据裂变的引流方法,商家或网红们可以通过在线上组织活动来达成关注某微信号的目的。

【操作过程】

在微信公众平台的后台,微信公众号运营者可以通过发起投票活动的方式来吸引粉丝。下面以公众号"手机摄影构图大全"为例,介绍创建投票活动的操作方法。

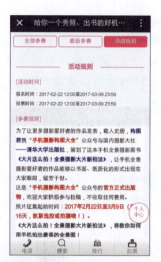

图 4-30　线上活动推广

步骤 01　进入"手机摄影构图大全"公众号后台管理界面,点击左侧"功能"下方的"投票管理"按钮,如图 4-31 所示。

步骤 02　进入"投票管理"页面,点击"新建投票"按钮,如图 4-32 所示。

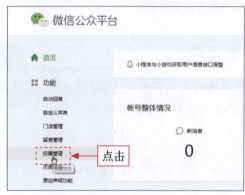

图 4-31　点击"投票管理"按钮　　　　图 4-32　点击"新建投票"按钮

步骤 03　执行操作后,运营者只要在该页面按照要求填写相关的活动内容即可,如图 4-33 所示。

【专家提醒】

在编辑投票内容的时候,有哪些注意事项呢?具体注意事项如下。

- 选项不能为空且长度不能超过35个字。
- 投票最多可设置10个问题,每个问题最多设置30个选项。

- 投票截止时间只能在当前时间之后的半年之内。
- 投票内容一旦删除,投票数据无法恢复,且图文消息中不可查看。
- 投票图片为300像素×300像素,格式为png、jpg、gif,大小不超过1MB。
- 投票将统计该投票在各个渠道的综合结果,包括群发消息、自动回复等。

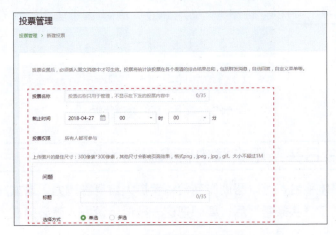

图 4-33　填写相关的活动内容

2. 线下活动

线下活动的种类众多,如图4-34所示。这些都是人流集中的活动场合,微商可以通过这些活动实现营销引流。

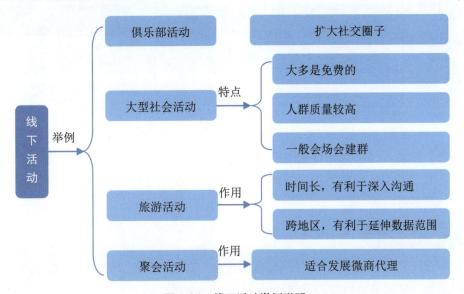

图 4-34　线下活动举例说明

在众多线下活动的选择中,应该注意从以下4个方面着手,如图4-35所示。

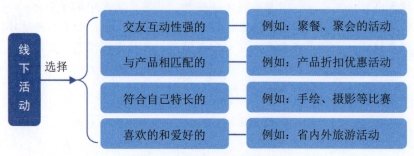

图 4-35　线下活动的选择分析

4.2.7　今日头条用文章内容来吸粉引流

今日头条媒体平台,可以帮助微商营销者扩大自身影响力,增加产品曝光率和关注度。商户注册了"头条号"后,要想把这一渠道运营好,就必须在多个模块上下功夫,举例介绍如图4-36所示。

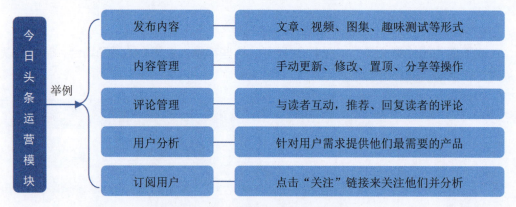

图 4-36　今日头条运营模块举例介绍

如今,很多已经成为超级IP的网络红人都开通了头条号来传播自己的品牌,以及实现内容变现的目标。对用户来说可以获得更好的使用体验,而对微商营销者来说,可以拴住更多用户的"心"。

【营销案例】

图4-37所示为头条号"手机摄影构图大全"发布的摄影文章,并推荐了学习摄影的相关书籍,文章中顺势放入了微信号。

图 4-37　通过内容引流

【操作过程】

下面向读者介绍在今日头条中编辑文章的具体操作方法。

步骤 01　打开今日头条网站，注册并登录今日头条账号，进入后台管理界面，❶点击"发表"按钮；❷在弹出的列表框中选择"文章"选项，如图 4-38 所示。

图 4-38　选择"文章"选项

【专家提醒】

今日头条APP是一款用户量超过4.8亿的新闻阅读客户端，据统计，在今日头条移动端上，单用户每日使用时长超过65分钟，每天社交平台分享量达550万次，其精准推送模式让用户不必再受其他繁杂冗长的信息困扰。

在今日头条APP上，聚合了超过5000家站点内容，更有超过7万家头条号每日为用户创作新鲜精彩内容。平台聚集了400位工程师每日对算法进行优化，能够5秒钟就算出用户的兴趣话题和内容，然后推送为用户量身打造的专业资讯。

步骤 02 进入"发表文章"页面，在其中输入标题与正文内容，将微信号与公众号嵌入文章内容中，以达到吸粉引流的目的，如图 4-39 所示。

图 4-39 将微信号与公众号嵌入文章内容中

4.2.8 建立新媒体平台矩阵迅速引流

说到营销引流，新媒体平台是必不可少的，它是如今互联网中有着巨大潜力和机会的营销渠道，是定制的引流平台。下面介绍各大新媒体平台是怎样进行渠道营销引流的，如图4-40所示。

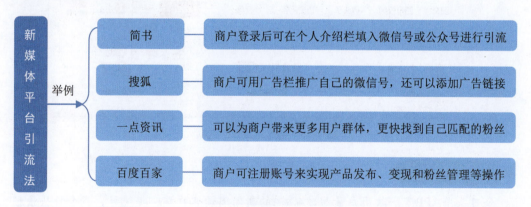

图 4-40 新媒体平台引流法

【营销案例】

以"简书"为例，不仅可以通过回复读者留言引流，在"个人介绍"栏内还可以添加自己营销的微信号或公众号，当鼠标指针移至微信标志上，还可以弹出二维码，如图4-41所示。

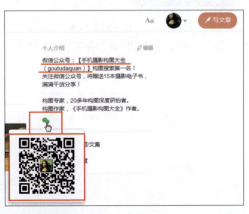

图 4-41 "简书"引流方式

4.2.9 电商平台是年轻人购物的主要场所

电商渠道是获得流量和利用流量推广和营销的主要渠道之一，特别是在移动电商高速发展的情况下，淘宝、京东、当当等电商平台被更多的运营者考虑到推广领域中，且策略越来越成熟，方式多样化越来越明显，如图4-42所示。

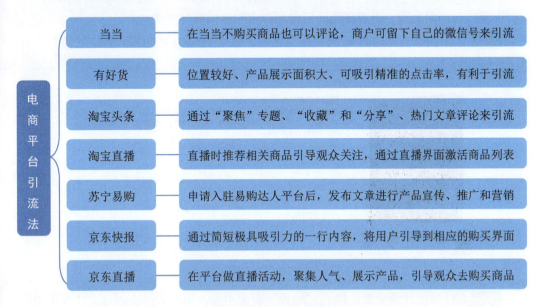

电商平台引流法		
	当当	在当当不购买商品也可以评论，商户可留下自己的微信号来引流
	有好货	位置较好、产品展示面积大、可吸引精准的点击率，有利于引流
	淘宝头条	通过"聚焦"专题、"收藏"和"分享"、热门文章评论来引流
	淘宝直播	直播时推荐相关商品引导观众关注，通过直播界面激活商品列表
	苏宁易购	申请入驻易购达人平台后，发布文章进行产品宣传、推广和营销
	京东快报	通过简短极具吸引力的一行内容，将用户引导到相应的购买界面
	京东直播	在平台做直播活动，聚集人气、展示产品，引导观众去购买商品

图 4-42 电商平台引流法

【营销案例】

人们购买商品时都习惯去看评论，聪明的商户就会抓住消费者的这个心理，在评论区进行引流。如图4-43所示为某商户在当当网商品评论区留下的微信号，商户们可以借鉴一下。

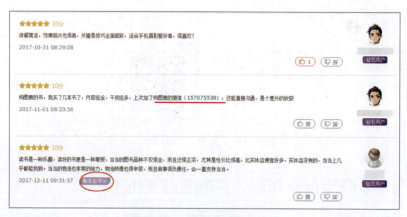

图 4-43　当当网商品评论区

【操作过程】

下面以当当网为例，讲解在电商平台写评论引流的操作方法。

步骤 01 在当当网中打开相关图书链接，单击右侧的"我要写评论"按钮，如图 4-44 所示。

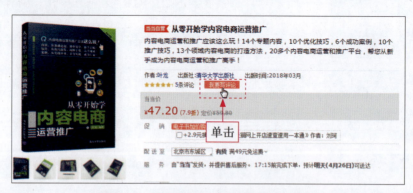

图 4-44　单击右侧的"我要写评论"按钮

步骤 02 弹出评论页面，❶在"短评"页面中输入相应的评论内容，并写上微信号，吸粉引流；❷单击下方的"发表"按钮，如图 4-45 所示，即可成功发表评论。

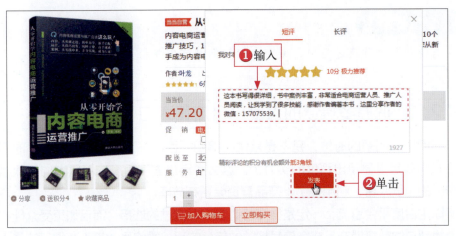

图 4-45　单击下方的"发表"按钮

4.2.10　微博 @ 功能可借助名人引流

在微商进行微博营销的过程中，@这个功能非常重要，有时候在博文里@名人微博、知名博主的微博、媒体微博或者企业微博等，如果这些媒体或名人回复你的内容，那么很有可能获得一批粉丝的关注，从而扩大自身软文的影响力，还有的可以通过知名博主的微博来@企业自身，也就是直接借助知名博主来给自己打广告的意思。

【营销案例】

如图4-46所示，为企业通过某知名博主和@功能来吸引粉丝的事例。

图 4-46　通过知名博主和 @ 功能吸引粉丝

【专家提醒】

在与粉丝私信聊天过程中，微商、网红们就可以将粉丝引流至微信号中，方便集中管理。

4.2.11 把握多渠道的百度平台流量入口

当你问别人问题的时候，是不是常常会得到"百度一下你就知道"这样的回答？这句话其实就足以显示出百度的实力了。这么多年过去了百度依然是人们获取信息、查询资料的重要平台，利用好了，产品营销会更有效率。

所以用百度平台引流，一定是微商营销者不可错过的选择，而且如果受众能在百度平台上找到与微商营销产品或微信号相关的信息的话，微信号就等于获得了流量入口。在百度平台上开展引流活动时通常将以下几个百度产品作为主要途径，如图4-47所示。

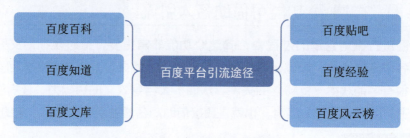

图 4-47　百度平台引流途径

下面具体介绍上述引流途径。

1. 百度百科

在百度上搜索某一个关键词的时候，排在首页里的一定少不了一个词条，就是和你搜索的关键词相关的百度百科。微商营销者运用百度百科引流具有4个特点：成本低、转化率高、质量高、具有一定权威性。

【营销案例】

图4-48所示为搜索商品"洗衣机"的百度百科资料，运营者可以将品牌信息或推广信息插入百度百科中，进行吸粉引流。

2. 百度知道

"百度知道"是一个分享提问答案的平台。百度知道引流法是指在百度知道上，通过回答问题的方式，把自己的广告有效地嵌入回复中的一种方式，它是问答式引流方法中的一种，其特点如图4-49所示。

图 4-48　百度百科词条

图 4-49　百度知道引流法的特点

在百度知道这种间接性引流方法中，其引流过程中应该一直以客户为中心进行思考，从企业或商家方面而言，就是目标客户定位的问题，具体内容如图4-50所示。

百度知道是一个很好的平台，但也会存在一些担忧，就是百度知道上面不能直接发广告，否则是会被删除的。如何利用百度知道来提升引流的艺术效果，是每一个微信营销人要考虑的问题。很多人不想采取百度知道法引流，有两方面的原因：第一是没有用好软文广告的技巧；第二是觉得回答问题很麻烦。

3. 百度文库

百度文库是一个互联网分享学习的开放平台，怎么利用百度文库进行引流呢？利用百度文库进行引流的关键点共有3个。下面就对这3个关键点逐一进行讲解。

（1）设置带长尾关键词的标题。

百度文库的标题中最好包含想要推广的长尾词，如果关键词在百度文库的排名还可以，就能吸引不少流量。

（2）选择的内容质量要高。

在百度文库内容方面，推广时应尽量撰写、整理一些原创内容，比如把一些精华内容做成PPT上传到文库。

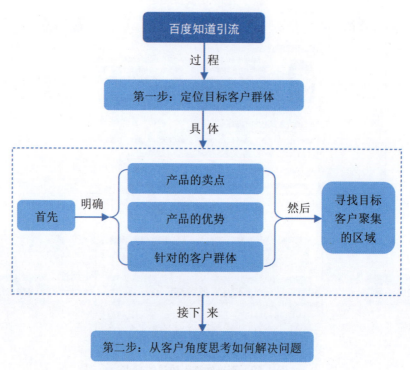

图4-50 百度知道营销引流的过程分析

（3）注意细节问题。

在使用百度文库进行引流的时候，也需要注意一些细节，具体如下。

- 注意内容的排版，阅读起来舒服的内容更容易被接受。
- 注意文库的存活时间，文库很快就被删掉便实现不了效果。

4. 百度贴吧

百度贴吧是一个以兴趣主题聚合志同道合者的互动平台，也是微商营销者引流常用的方法之一。下面就为大家介绍百度贴吧引流的5个常用操作技巧。

（1）根据需要选择冷/热门贴吧。

选择冷门贴吧和热门贴吧的区别是：冷门贴吧可以发外链、发广告，不会立马被删；而热门贴吧不能发外链和广告，但可以提高微信号的流量，同时竞争力也大。

（2）内容涉及宣传一定要用软文。

帖子的内容是在贴吧发帖最重要的部分了，这一部分把控的好坏会直接影响贴吧引流的效果，所以微信运营者可以尝试在贴吧里发布软文，因为软文能够起到如图4-51所示的效果。

图 4-51　在贴吧发布软文的效果

（3）内容结合时事热点进行引流。

帖子要想成为贴吧中的热门帖，内容一定要结合时事热点，比如一些时事新闻或者娱乐八卦等，这样做的好处是吸引更多读者的注意力，激起好奇心，吸引更多点击率，提高平台的关注率。

（4）标题关键词设置要有吸引力。

标题关键词设置的重要性已经不需要强调了，关键词越多，被搜到的可能性就越大。

（5）充分利用目前火爆的直播功能。

目前各大平台里的直播功能都很火爆，还出了专门的直播APP。因此，贴吧的直播功能也是一个很好的引流方法。

5．百度经验

百度经验的权重虽说没有百度百科、百度知道和百度贴吧高，但是百度经验作为一种高质量的外链，效果还是很好的。百度经验引流方法的设置如图4-52所示。

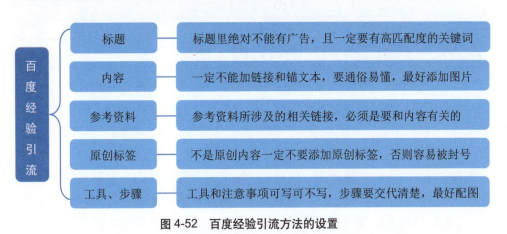

图 4-52　百度经验引流方法的设置

6. 百度风云榜

如何利用百度热词来进行引流呢？首先在电脑上打开"百度风云榜"，寻找热门关键词，如图4-53所示。从实时热点、排行榜上，我们能够知道哪些关键词在百度上被搜索的次数较多，这些被搜索次数较多的关键词就叫作"热词"。然后商户可以结合"热词"发软文，将自己的产品与关键词融合，在各大门户网站、论坛等发表这些融合了关键词的软文。这样，只要网友搜索关键词，就能看到相关的软文。

图4-53　查看搜索指数

4.2.12　巧用二维码方便对方扫一扫

二维码，已经成为我们日常生活中不可或缺的因素，更是店主的实用名片。购物付款时需要用到、添加好友时需要用到、登录某个页面时需要用到、识别某个物品时需要用到……总而言之，它的用途十分多，也在生活与工作之中被广泛使用，扫描二维码已经是生活常态。

准确地说，二维码是链接的一种形式，它的诞生使得我们不需要再辛苦地记忆网站域名，只需拿出手机轻轻一扫，就能立即跳转进入我们想进的页面。对于一般大众来说，二维码最熟悉的使用方式是从事收付款行为。但是从营销角度来看，商户们更应该将它的重点放在跳转页面、添加关注这一引导行为上面。通过这些二维码，用户选择关注企业主页的概率可以说是大大地提高了。

📁【营销案例】

很多微信上的公众号将"扫描二维码添加关注"这一增加粉丝的方式贯彻得十分彻底。作为个体商户,也应该学习公众号的方式,使用一切办法将自己个人的微信号二维码散播出去。图4-54所示为公众号与微信号的二维码展示效果。

深入持续学习

1000 种构图在等你!

长按关注,立马不同

构图专家:300多种构图原创细分,构图分享数量与深度挖掘第一人。
摄影作家:20多本摄影书作者,清华大学、人民邮电出版社特约作家。
摄影讲师:京东、千聊、简书、今日头条、湖南芒果等平台摄影讲师。

长按识别二维码,可添加构图君个人微信

图 4-54 扫描二维码

除了一些比较传统的宣传方式以外,商户们还可以将二维码附在包裹上,方便买家扫描。因为大家在收到商品的第一时间,都会习惯性地检查一下外包裹,看看完整与否。而现在大多数人看见二维码可能都会习惯性地扫描一下。因此,商品的包裹就成为一个非常合适的、放置二维码的地方。

微商们应该抓住这一点,制作一些比较清楚的二维码图片,张贴在包裹上,由此来增加微信好友数量。如图4-55所示,就是一个贴了二维码的包裹。

到底在什么样的情况下,需要微商们往包裹上贴二维码呢,如图4-56所示。

有些客户在淘宝、京东等网站上购买了商品。这家店主为了将普通客户发展成长期客户,就希望能够将这些客户添加到自己个人微信朋友圈中,这样不仅方便售后的沟通,更能够打通进一步营销的关节。

图 4-55　包裹上的二维码

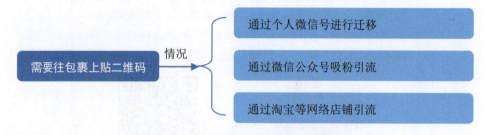

图 4-56　需要往包裹上贴二维码的情况

当然，除了从其他网站进行引流以外，还有可能是某位商户的个人微信号人已经满了，旧的微信号上由于亲友太多，为了方便营销，干脆重新申请了一个微信号专门用来做朋友圈营销，所以需要客户添加另一个账号。

甚至是这位商户又发展出另一门生意来，为了客户的积累，就将原来的老客户又发展成某种新生意的新客户。无论原因是什么，方便客户查找与添加都是微商们第一个需要考虑的因素，在包裹上附上二维码的方式对客户来说确实相当便利。

4.2.13　图片上加水印利于百度图库收录

图片加水印引流法是一种利用能够实现链接或易查询的水印，如二维码、微信公众号，一个不够明显可以加两个，从而实现引流的方法，如图4-57所示。

图片加水印引流法是有利于百度搜索引擎收录的，因而具有极大的优势。那么，这种方法应该如何进行操作呢，其实非常简单，如图4-58所示。

图 4-57　图片加水印

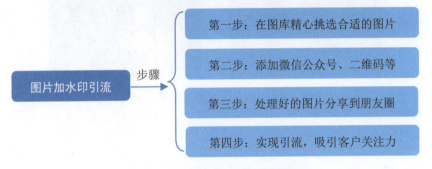

图 4-58　图片加水印引流法操作步骤

4.2.14　H5 页面吸引粉丝疯狂转发引流

　　H5 已经成为微信平台的引流新利器。很多企业会通过 H5 制作出一些小游戏，来吸引用户。最早的比较吸引人的 H5 小游戏要属"围住神经猫"了。这款游戏在朋友圈里引起了疯狂转载和讨论，后来的还有"吴亦凡的陌生来电"等。

　　对于微信运营者，H5 的最大优点是可以通过在线更新和不断优化，带来更多的广告展示、流量转化等多项 KPI 数值的增长。

【营销案例】

　　例如，我们可以在微信上看到很多不错的 H5，或者是其他好友主动分享给你的 H5，好友之所以愿意分享，说明这些 H5 有价值点，它们是做得比较成功的。

例如，下面这个"七夕追女神"的H5就是朋友分享给作者的，画面非常卡通，而且紧扣"七夕"这个热点，同时采用游戏的方式增强了H5的娱乐性，吸引了很多用户主动参与并自发传播，如图4-59所示。

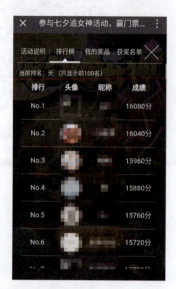

图 4-59 "七夕追女神"H5 营销活动

第 5 章

建立信任：快速和陌生人产生情感关系

学前提示

微商、网红、自明星们在朋友圈进行营销活动时，由于一些不恰当的刷屏，常常会受到朋友圈好友或粉丝的排斥、屏蔽、拉黑，不但使营销活动大打折扣，还会影响与好友建立情感。本章主要介绍建立互相信任、打造良好朋友圈营销氛围的各种方法。

要点展示

▶ 5 大技巧，吸引陌生人关注你
▶ 7 种分享，是微商最佳的情感利器
▶ 4 种技巧，占领朋友圈的碎片时间

5.1 5大技巧，吸引陌生人关注你

微商想要在朋友圈赢得好友的好感，增加信任感，需要多提升自己的存在感，展现帅气甜美的形象，颜值高吸引力就强，可以间接引发情感上的共鸣。本节主要介绍吸引陌生人关注你的5大技巧。

5.1.1 形象帅气甜美

谁都喜欢高颜值的事物，如果是帅哥美女，那么对与陌生人的交流来说就是一把利器，通过高颜值还能吸引到不少粉丝与追随者。因此，微商们在朋友圈除了发产品广告外，还要多发一些个人照片、自拍照、旅行照等，身材越好越能吸引到陌生人的关注，多展示自己帅气、甜美的形象。

【营销案例】

图5-1所示为某位从事护肤产品的微商在朋友圈发布的自己个人照片，形象甜美可爱，颜值高，让人有想交朋友的愿望。

图 5-1 某位从事护肤产品的微商在朋友圈发布的自己个人照片

5.1.2 表现高端品位

一个有眼光、有品位、有格调的人，更能被人所喜欢、所追逐，有足够的人格魅力。因此，朋友圈不要发低俗不雅的信息，而要发有一定品位格调的、源于生活又高

于生活的内容，让客户觉得你是一个具有高尚人格魅力的人。

📁【营销案例】

图5-2所示为某位从事微教育行业的微商在朋友圈发布的一些有品位、有知识、有内涵的软文，让人觉得她非常有品位、有格调。

图 5-2　从事微教育行业的微商在朋友圈发布的软文

5.1.3　展示学识渊博

俗话说：光说不练，假把式。在朋友圈中，商户们不仅要让客户看到你的远大理想、奋斗目标，更要让好友看到你的成功、你的努力，知道你是一个有真才实学的、能给身边的人带来益处的人。

📁【营销案例】

商户们在朋友圈中可以分享一些成功案例，可以是自己的，也可以是自己带的团队的，也可以将朋友圈的背景墙设置为比较有学识、有知识层次的类型，如图5-3所示。当然，微商们自己也需要经常去参加一些培训机构组织的培训课程，休闲之余自己要进行不断的学习、充电，这样才能不断进步，同时把自己学习理解到的知识、技巧分享到朋友圈中，既能给团队、代理树立一个学习的榜样，更能让客户看到你的成功、你的真才实学。

图 5-3　将朋友圈的背景墙设置为比较有学识的类型

5.1.4　体现个人情怀

我们不能否认的是，在朋友圈里一直打广告的微商确实不太惹人喜欢。毕竟当微商们执意要将广告植入他人私生活时，当时就应该考虑到有可能无法被人接受这一点。聪明的微商在日常的营销中也会尽量融入一些更加充满个人情怀的内容，这样的微商不仅不会招人反感，甚至会让人喜欢上他的文风、期待每天看到他发的朋友圈。

【营销案例】

图5-4所示为朋友圈中自明星发表的关于个人情怀的信息。

图 5-4　朋友圈中自明星发表的关于个人情怀的信息

微商们要发多一些有个人情怀的内容，会使得你在朋友圈好友中脱颖而出，成为朋友圈中的红人。并且分享生活中的点点滴滴，也是最容易让别人与你产生互动的方法。

5.1.5 有很强的上进心

无论是哪个时代，一个具有远大理想、勇于拼搏、敢于奋斗的人都更容易引起人们的关注和鼓励。

【营销案例】

微商们在分享朋友圈的时候，最好多发布一些传递正能量的内容，如图5-5所示。不管你是何性别、什么年龄，有梦想、敢于追逐，什么时候起步都不算晚。让人觉得你积极向上、有很强的上进心、努力奋斗，感受到你个人的热情与温暖，不仅能够激励到朋友圈中的客户，并且还能提高他人对你的评价与看法，吸引人们的关注，让朋友圈的人更加信任你，支持你的事业。

图 5-5　朋友圈发布的正能量信息

5.2　7种分享，是微商最佳的情感利器

在微信朋友圈中，微商们除了进行营销时需要发产品的图片和基本信息以外，为了让客户信任自己，也可以分享一些工作内容、工作环境、工作进展等，这些都是微商增进与顾客关系的情感利器。

5.2.1　分享辛苦

在大多数人群眼里，做微商很轻松，不用早起上班打卡、坐在家里一边看着电视一边吃着零食、一边带带小孩一边敷敷面膜、跟客户一边聊聊天一边卖产品、在朋友圈发几条产品信息、一边招代理一边还跟团队出去吃喝玩乐等。

似乎做微商就是很光鲜靓丽的，既有钱赚又轻松。却很少有人知道，微商背后的努力和付出：经常因为家人的不理解而受到责备；每天上百个快递要寄，光写快递单就能写到手软；跟团队培训学习到深夜一两点；从到上级那拿产品、给产品拍照片、修照片、发朋友圈、带代理培训；等等。

商户们在朋友圈营销过程中，平时除了在朋友圈中发产品的图片和产品信息之外，还可以偶尔跟客户诉诉苦，将自己拿货、发货、深夜上课培训的照片分享在朋友圈中，让客户看到一个努力认真为这份事业打拼的微商，赢得客户的信任。

【营销案例】

网红与微商一样，也需要经常在朋友圈中分享自己辛苦工作的历程与情景，让人感觉很上进，多分享一些辛苦过程的照片，更加具有说服力。如图5-6所示为某位网红老师分享辛苦工作的图片，让人既信任又产生心疼的心理。

图 5-6　某位网红老师分享辛苦工作的图片

5.2.2　分享激情

生活不仅有辛苦，还有着为梦想奋斗的无限激情，想要得到客户对你的认可，就要有可以激励人心的感染力。

【营销案例】

微商、网红、自明星们可以在朋友圈中分享自己或团队积极乐观、拼搏上进的有激情的内容，或是一些大咖的成功案例，这样能起到鼓舞士气的作用，在潜移默化下，客户会对你更加信任，如图5-7所示。

图 5-7　在朋友圈中分享自己拼搏上进的内容

5.2.3　分享增员

老话说得好：耳听为虚，眼见为实。要想吸引更多的人加入你的团队，跟着你一起做微商代理，在朋友圈说得再天花乱坠、再厉害、再成功，人家顶多也只会信你3分。因此，微商们需要经常在朋友圈中分享新进的代理名单、合照、与新代理加入团队时的聊天记录截图等，让原本还处在观望状态的、有意向的客户或朋友圈好友下定决心加入你的团队。

5.2.4　分享团队

现如今做微商从来都不是一个人，其背后还有一个庞大的微商团队，团队是商户们最坚实的后盾。微商、网红、自明星们团结互助才能促进团队的强大，团队越强大，在自明星道路上才能走得更长久。

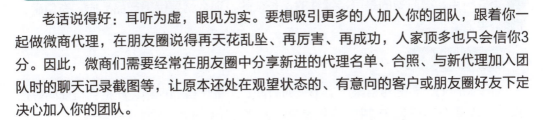

【营销案例】

在朋友圈中分享自己的团队、分享团队培训、上课等一系列活动的照片，让客户知道，你并不是一个人，你所从事的事业和销售的产品都是有一定权威性的，是有团队一起经营的，如图5-8所示，让客户可以对你产生信任感。

图 5-8　朋友圈中分享自己的团队案例

5.2.5　分享资质

相同种类的产品，售卖的肯定不止你一家，怎么让客户相信你，购买你的产品呢？首先一点，微商做的是可持续性的、长久的，那么就要保障产品品质，有口碑，才能带来销量。

【营销案例】

对于微商们，要把对自家产品相关的新闻、明星代言的视频、质检合格证明等信息，准确变更分享至朋友圈中，有图有真相，才更有说服力，如图5-9所示。

图 5-9　微商分享明星代言的视频案例

5.2.6 分享体验

这里的体验是指使用产品后的体验效果，在朋友圈中多分享产品的体验效果，并截图发朋友圈，可以增加一定的可信度。

【营销案例】

第一个使用产品的自然是微商自己。微商可以将自己使用产品时的过程拍照或拍个小视频分享到朋友圈中，并和客户分享使用后的效果体验，引导客户购买产品。客户用过后的使用体验跟你一致，会促使他们再一次购买你的产品，还能获得客户对商户的认可，效果好还会帮你做宣传，如图5-10所示。

图 5-10　将自己使用产品时的过程拍照分享到朋友圈

5.2.7 分享感悟

站在巨人的肩膀上，可以离成功更近。人们总喜欢看成功人士的演讲和他们取得成功的故事案例，反映出人们内心对成功的渴望，希望能从中得到启发或者说找到成功的捷径。而微商们从走上微商道路开始，每个人收获不一样，心得感悟也是不一样的。所谓前人栽树后人乘凉，这句话不是没有道理的，微商们在朋友圈中可以多发一些微商营销的心得感悟，可能一些刚入门的微商或准备做微商的人群，会对这些心得感悟产生不一样的联想启示，而有所收获。

5.3 4种技巧，占领朋友圈的碎片时间

在朋友圈做营销，我们要合理地抓住用户刷朋友圈的时间，这样才能在关键时候发挥信息的作用。下面介绍4种占领朋友圈碎片时间的技巧。

5.3.1 早上 7:00~9:00，发正能量内容

早上7:00~9:00的时间段，正好是微友们起床、吃早餐的时候，有的微友正在上班的路上、公交车上，这个时候的大家都喜欢拿起手机刷刷朋友圈、刷刷新闻。而这个时候，在一天的最开始时间，微商、网红们发一些关于正能量的内容，给微友们传递正能量，让大家一天的好精神从阳光心态开始，最容易让大家记住你。

【营销案例】

如图5-11所示的微商，正是抓住了早上这个黄金时间段，发布了正能量的内容，不仅增加了朋友圈的好感度，内容还进行了最大限度的曝光，显示在页面的最上方，最容易被微友们看到，达到最大的曝光率。

图 5-11 微商发布的正能量内容

5.3.2 中午 12:30~13:30，发趣味性内容

中午12:30~13:30的时间段，正是大家吃饭、休闲的时间。上午上了半天班，有些辛苦，这个时候大家都想看一些放松、搞笑、具有趣味性的内容，为枯燥的工作时

间添加几许生活色彩。

【营销案例】

中午大家吃饭的时候，也有刷手机的习惯，有的人是边吃饭边刷手机，特别是一个人吃饭的时候。所以这个时候微商们发一些趣味性的内容，也能引起朋友圈微友的关注，让大家记住你、记住你的产品。如图5-12所示为卖减肥产品的微商发布的朋友圈趣味信息。

图 5-12　卖减肥产品的微商发布的朋友圈趣味信息

5.3.3　下午 17:30~18:30，发产品的内容

下午17:30~18:30的时间段，正是大家下班的高峰期，这个时候的大家也正在车上、回家的路上，刷手机的微友们也特别多。一天的工作疲惫心情需要通过手机来排解压力。此时微商们可以抓住这个时间段，来给产品好好做做宣传，发布一些产品的特效，以及产品成交的信息。

【营销案例】

图5-13所示为上图卖减肥产品的微商，她中午发的是一些有趣味性的内容，下午发的是一些关于产品功效的信息，这么有爱的朋友圈信息，这么会发聊天内容的微商，大家是不会去屏蔽的，而且大家还会期待看到她发的朋友圈。不被屏蔽的微商，就是朋友圈比较成功的微商了。

图 5-13 卖减肥产品的微商发布的产品功效信息

5.3.4 晚上 20:30~22:30，发情感的内容

晚上20:30~22:30的时间段，大家都吃完饭了，有的躺在沙发上看电视，有的躺在床上休息。这个时候大家的心灵是比较恬静的，睡前刷朋友圈已经成为年轻人的生活习惯。因此，这个时候发发情感的内容，最容易打动你的微友们。

【营销案例】

图5-14所示为上图卖减肥产品的微商晚上发布的关于情感方面的内容。

图 5-14 晚上发布的关于情感方面的内容

第 6 章

拍片修图：拍人拍景拍物拍视频神器

学前提示

朋友圈的营销推广离不开精美的图片。学会图片的拍摄技巧，并对图片进行精修是每个微商、网红必学的技能，要用图片来吸引用户的眼球。本章介绍照片和视频的拍摄技巧，以及使用各种 APP 神器进行图片美化的方法。

要点展示

- ▶ 6 种方法，拍出极具吸引力的照片和视频
- ▶ 8 大 APP，手机拍照神器任你挑
- ▶ 6 种技巧，通过修片提升照片美感

6.1 6种方法,拍出极具吸引力的照片和视频

要想拍摄出既高清又漂亮的照片,就要懂得一定的拍摄技巧,如照片分辨率设置、构图比例调整、照片取景技法等。本节主要介绍6种方法,让微商网红们拍出极具吸引力的照片和视频画面。

6.1.1 设置拍摄的最大分辨率

分辨率是指显示器或图像的精细程度,其尺寸单位用"像素"来表示,一般分为显示分辨率和图像分辨率。分辨率很大程度上决定了照片的清晰度,在拍摄商品或人像照片时,由于大部分情况下拍摄距离较近,近距离拍摄更要求图片要清晰。

【拍摄案例】

在拍摄照片时,首先就要在手机中设置相应的分辨率。手机不同,分辨率设置的方法也有差别,像OPPO手机的分辨率设置就叫"拍照像素",虽然有些区别,但大都比较简单。值得注意的是,分辨率设置得越大,获得的照片像素也就越高,照片的视觉效果也就越好,而且高分辨率拍出来的照片后期创作空间也更大。图6-1所示分别为高分辨率和低分辨率拍摄的同一事物。

高分辨率拍摄水杯　　　　　　　　低分辨率拍摄水杯

图6-1 高分辨率和低分辨率拍摄的同一事物

【操作过程】

接下来介绍设置分辨率的方法。

在手机桌面上找到相机应用程序，打开相机，❶进入界面后点击右下角的设置图标❀。在弹出的列表框中找到"更多"选项，进入"镜头设置"界面，可以看到目前的分辨率为"4160×3120（1300万像素）"；❷点击"分辨率"选项；❸在弹出的列表中可以选择不同的照片分辨率。图6-2所示为vivo手机调整最大分辨率设置。

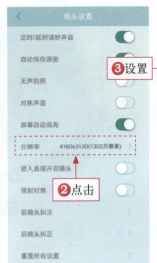

图 6-2　vivo 手机设置相机分辨率

6.1.2　对焦，决定画面清晰度

对焦，是指在用手机拍摄视频时，调整好焦点距离。对焦是否准确，决定了视频主体清晰度。在现在的很多智能手机中，手机视频拍摄的对焦方式主要有自动对焦和手动对焦两种。自动对焦是手指触摸点击屏幕某处即可完成该处的对焦；手动对焦一般会设置快捷键实现手动对焦。

手机能否准确对焦，对于手机视频画面的拍摄至关重要。如果手机在视频拍摄时没有对焦，或出现跑焦，就会使视频画面模糊不清。另外有一种情况，我们要单独拿出来作说明，当手机距离视频拍摄主体太近时，可能会影响到实际的对焦情况，也就是我们常说的失焦。所以在对焦时，也要注意手机与拍摄主体的距离要适当。

1. 自动对焦

自动对焦的方法很简单,只要用手指点击手机屏幕上想要对焦的地方,点击的地方就会变得更加清晰,而其他地方则变模糊,实现虚化效果。触摸拍照一般比较适合不知道如何对焦的人使用,手指触摸的区域就是对焦的区域。

【拍摄案例】

图6-3所示为手指触摸自动对焦拍摄的人像照片效果,对焦的位置处画面呈现清晰,而其他的四周则变得模糊。

图6-3 触摸对焦

2. 手动调节对焦

手动调节对焦,有点像单反相机对焦的一点意思,核心是:拖动对焦框来调整、控制画面的焦点,同时也可以拖动下面的拉杆,辅助精确选距点距离,既达到清晰突出主体,又能控制好画面的景深效果,在拍摄对象的时候运用手动拍照能够更加精确地对拍摄物体进行对焦。

【拍摄案例】

图6-4所示为拖动下方对焦框来调整、控制画面的焦点,精准对焦。

用手机拍照时,由于微距摄影的景深极浅,对焦点的精确度要求极高,因此手动对焦模式特别适合拍摄微距题材的照片,主要是可调节性强。

【操作过程】

根据手机型号的不同,手动对焦的操作方法也各不相同。下面以vivo手机为例,讲解手动对焦的操作方法。

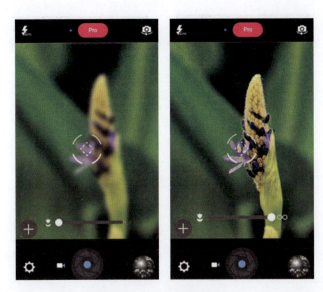

图 6-4 手动调节对焦

步骤 01 打开手机默认的相机拍摄界面，❶点击右上角的设置按钮 ，进入设置界面；❷点击"专业拍照"图标，如图 6-5 所示。

图 6-5 点击"专业拍照"图标

步骤 02 进入"专业拍照"界面，❶点击右侧的微距按钮，进入微距对焦界面，❷拖曳下方的对焦按钮，并向左拖曳，即可手动调整画面对焦的清晰度，如图 6-6 所示。

图 6-6 手动调节对焦

6.1.3 运用九宫格拍出画面完美比例

手机照片的整体构图基本就决定了这张照片的好坏与否,在同样的色彩、影调和清晰度下,构图更好的照片其美感也会更高。因此,我们在使用手机拍照时可以充分利用相机内的"构图辅助线"功能,帮助我们更好地进行构图,获得更完美的比例。

【操作过程】

下面以中兴手机为例:打开手机相机,进入Pro专业拍摄模式,点击底部的参考线按钮,可以看到有九宫格、黄金螺旋线等不同的构图辅助线,如图6-7所示。

九宫格构图辅助线主要采用3×3平分的方式,将手机屏幕分成9个大小相等的格子,如图6-8所示。

 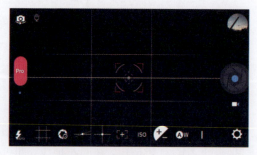

图 6-7 九宫格、黄金螺旋线　　　图 6-8 将屏幕分成9个格子

【拍摄案例】

九宫格构图辅助线可以使照片的结构更加平衡，增强画面意境，也可以纠正拍照者的拍摄角度，从而保证手机镜头中某些元素的水平或垂直。如图6-9所示，在拍摄这张照片时，选择了手机相机中的"九宫格"构图辅助线来调整手机的拍摄位置和角度，将水平线放置在九宫格的1/3位置处，并将左下角的小船放置在交叉点上，不至于最终的照片出现失衡的状况。

图 6-9　使用九宫格拍摄的画面效果

【专家提醒】

手机摄影九宫格式构图法，可以理解为由两条竖线和两条横线构成，并将画面平均分为9等份，同时形成4个交叉点，这些交叉点就是兴趣点，拍摄的时候，将要表达的主体放在其中一个兴趣点便是。这里因篇幅原因不能多讲，有兴趣的朋友可以加微信公众号"手机摄影构图大全"，了解"九宫格构图的10种细分拍法"。

6.1.4　潮人自拍必会的5种方法

用手机自拍，我们要一边摆POSE一边按下手机快门，这是非常困难的事情，稍有不慎就会因抖动造成画面模糊，或者无法抓住最精彩的自拍瞬间。因此，我们首先要学会摆脱手机快门。下面介绍5种常用的潮人自拍方法。

1．"自拍杆+遥控快门"自拍法

想要自拍拍得好，外接设备少不了，自拍杆绝对是保证画面美丽的利器。自拍杆的安装比较简单，第一步只需要将手机放入自拍杆的支架上，并调整支架下方的旋钮来固定住手机，支架上的夹垫通常都会采用柔性材料，牢固不伤手机。

自拍杆可以分为蓝牙和线控两种连接方式。
- 蓝牙。打开手机蓝牙,搜索蓝牙设备,自拍杆会自动和手机进行配对并连接,蓝牙快门可以快门键分离出来,可以有效减少抖动问题。
- 线控。市场上大部分自拍杆都是采用 3.5mm 耳机孔来连接手机的,用户在拍摄前需要将自拍杆上的插头插入手机耳机插孔即可,基本不需要进行软件设置,通过线控方式的自拍杆不需要充电,而且信号更稳定,如图 6-10 所示。

连接完成后,我们只需要在手机上打开自拍模式,在自拍杆的手柄上有一个相机图标按钮,拍照时只需要按下这个按钮即可,如图6-11所示。

图 6-10　采用线控方式的自拍杆　　　图 6-11　按下自拍杆手柄上的相机图标

2．"三脚架+蓝牙快门"自拍法

使用手机自拍时,三脚架的主要作用就是能稳定手机镜头,以实现特别的摄影效果。很多三脚架配置了手机蓝牙快门,可以帮助部分智能手机实现远程遥控拍照功能,如图6-12和图6-13所示。

【拍摄案例】

图 6-12　手机蓝牙快门　　　　　　图 6-13　固定手机拍照

3．手机声控快门自拍法

使用具有声控拍照功能的手机，用户可以不用再依靠手机上的各种快门按钮，同时也方便了用户使用后置摄像头进行自拍。

【拍摄案例】

以中兴手机为例，在相机的设置中选择启用"拍照声控"功能，在自拍时只需要喊出"拍照"或"茄子"等口令，相机会自动倒计时3秒按下快门，如图6-14所示。

图 6-14　启用"拍照声控"功能

4．人脸识别或笑脸模式自拍法

人脸识别或者笑脸模式功能应该大部分智能手机都具备，开启这个功能后，手机相机只要识别到稳定的人脸或者笑脸画面，即会自动按下快门。

【拍摄案例】

图6-15所示为启用人脸识别功能拍照的效果。

5．延时、定时自拍法

如果你的手机没有上面这些功能，那么我相信延时或者定时拍照功能至少会有。延时拍照模式一般有3秒、6秒和10秒等多种延时模式，在拍摄合影而又没有旁人可以帮忙时经常会用到这种模式，如图6-16所示。

启用人脸识别或者笑脸模式后，手机摄像头会自动识别人物的面部，并完成自动对焦操作，尽可能地防止面部失焦的情况发生，而且色彩和细节更加真实

图 6-15　启用人脸识别功能拍照的效果

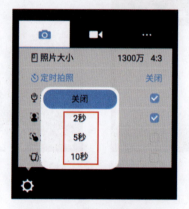

图 6-16　延时、定时自拍法

6.1.5　手机摄影 10 种画面取景技法

在摄影中，不论我们是用手机还是相机，选择不同的构图方式拍摄同一个物体的时候，得到的照片区别也是非常大的。摄影构图是拍出好照片的第一步，不同的构图方式会带来不同的感受，并且选择不同的构图方式可以将普通的被摄对象以更新鲜、别致的方式展示出来。下面介绍10种商品画面的取景技法。

1．九宫格构图

九宫格构图又叫井字形构图，是指将画面用横竖的各条直线将画面分为九个空间，等分完成后，画面会形成一个九宫格线条。

【拍摄案例】

拍摄如图6-17所示的商品时，商品正好处于画面的九宫格的位置。九宫格的画面中会形成四个交叉点，我们将这些交叉点称为趣味中心点，可以利用这些趣味中心点来安排主体，使其醒目且不呆板，增强画面中的主体视觉效果。

图 6-17　商品正好处于画面的九宫格的位置

2. 黄金分割构图

黄金分割法是由古希腊发明的几何学公式，当艺术作品中的主体摆放位置符合黄金分割线规则时，那么图片则是和谐的、美的。这一美学基础到现在已被各个领域的艺术家所使用。手机摄影黄金分割构图法是手机摄影中运用最为广泛的构图手法。

【专家提醒】

黄金分割线还有一种特殊的表达方法，那就是黄金螺旋线，它是由每个正方形的边长为半径所延伸出来的一个具有黄金数字比例美感的螺旋线。

【拍摄案例】

图6-18所示为一幅在顺光下拍摄的动物照片，从青蛙的眼部遵循黄金分割法，吸引欣赏者更多的注意力，同时增强画面的层次感。

图 6-18　在顺光下拍摄的动物照片

3. 框架式构图

框架式构图（也有人称其为窗式构图）分为规则框架式构图和不规则框架式构图，是一种新颖有趣的构图方法，拍摄时利用主体周边的物体构成一个边框，可以起到突出主体的效果。

【拍摄案例】

图6-19所示为在船上拍摄的照片，利用船顶和扶手，构成了框架，画面同时采用了水平二分线构图，画面中天和地在远处交汇成一条水平线。

图 6-19　在船上拍摄的照片

4. 三分线构图

三分线构图就是将画面从横向或纵向，分为三部分，在拍摄时，将对象或焦点放在三分线的某一位置上，进行构图取景，让对象更加突出，让画面更加美观。

【拍摄案例】

拍摄如图6-20所示的照片时，将地平线放在图像下面三分之一处，天空占了整个画面的三分之二，这样的构图可以使得图片看起来更加舒适，具有美感。拍摄如图6-21所示的照片时，将垂直的古塔放在图像右侧三分之一位置处，画面显得更加平衡、稳定。

图 6-20　三分线构图（一）　　　　图 6-21　三分线构图（二）

5．对称式构图

对称式构图为画面中心有一条线把画面分为对称的两份，可以是画面上下也可以是画面左右，或者是画面斜向，这种对称画面给人一种平衡和谐的感觉。中国传统艺术讲究的就是对称，上下对称、左右对称，对称的景物让人感到画面稳定。

【拍摄案例】

使用上下对称式构图时，可以借助水面倒影来完成，水平线将画面平均地分成两份，使得整个画面对称、和谐，如图6-22所示。

图6-22　使用上下对称式构图拍摄的照片效果

6．斜线构图

在手机摄影中，斜线构图是一个使用频率颇高，而且也颇为实用的构图方法。斜线构图法会给欣赏者带来视觉上的不稳定感，而多条斜线透视存在则会使画面规律化并且具有韵律，从而吸引欣赏者的目光，具有很强的视线导向性。

【拍摄案例】

在用手机拍摄如图6-23所示的小熊猫玩具时，让小熊猫玩具产生一定的倾斜，这种不稳定的感觉可以打破画面的常规，为画面带来更多动感。

7．圆形构图

采用圆形构图拍摄，可以更直接地表达主题，也更容易创造引人关注的图像。圆形构图有着强大的向心力，把圆心放在视觉的中央，圆心就是视觉中心。

图 6-23　以斜线构图的方式拍摄小熊猫玩具照片

> 【拍摄案例】

如图6-24所示的圆形招牌对象，用手机拍摄时只需要将其放置在画面中央即可。

图 6-24　拍摄圆形招牌对象

8．三角形构图

不管是拍摄城市建筑还是拍摄自然风光，三角形构图都是一种非常实用的构图，巧妙地利用三角形构图，可以使画面更加稳定。在几何学中，三角形是最为稳定的图形之一。而在摄影领域，三角形作为最具视觉优势的形状，由于布局的不同，可以产生多种不同的效果。

> 【拍摄案例】

如图6-25所示，为手机倒三角形构图法拍摄的建筑效果。

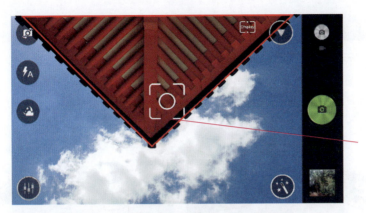

图 6-25　手机倒三角形构图法拍摄的建筑效果

9．透视构图

近大远小是基本的透视规律，摄影也是如此，并且有着增加画面立体感的作用，可以带来身临其境的现场感。在手机镜头中，由于透视的关系，所有的直线平行线都会变成斜线，这样就会让画面有视觉张力，加强纵深感。

【拍摄案例】

如图6-26所示，拍摄所选用的就是斜线透视构图法，河岸线作为透视斜线向远处发散，主体放在透视下，看着远处的发散点。

图 6-26　斜线透视构图法

10．对比构图

俗话说得好，没有对比就没有区分，对比构图的方式比较多，如明暗对比、大小对比、远近对比、虚实对比、动静对比等。

【拍摄案例】

图6-27所示为采用远近对比构图法拍摄的照片，进行距离上或大小上的对比，来布局画面元素。

图6-27 采用远近对比构图法拍摄的照片

6.1.6 10秒小视频这样拍才对

10秒小视频是手机短视频拍摄软件刚出现那几年比较火热的一个视频时长。直到现在，10秒小视频在众多的短视频时长当中依然是比较常用的，因为10秒本身时长就很短，符合了"短视频"的理念。此外，10秒的时间，相对于之前只以图片的形式来展示画面内容来说，完全可以对视频中的拍摄内容有一个更好的呈现。

10秒小视频打破了原本只是图片的展示方式，转而以10秒时长的小视频来展示画面内容。相比于图片，视频能更加生动真实地对画面内容进行展示。此外，10秒小视频最大的优点就是占用手机内存空间小，时间少。

【操作过程】

在众多手机短视频拍摄软件中，能够实现拍摄10秒小视频的软件也十分众多。尤其是在短视频刚刚流行起来那段时间出现的手机短视频拍摄软件，更是大都以10秒小视频为主。笔者这里以VUE APP拍摄软件为例，为大家讲解如何设置与拍摄10秒短视频。

打开VUE APP，进入拍摄界面之后，❶点击 按钮；❷选择"总时长"选项；❸选择"10S"选项，即可完成视频10秒时长设置；❹点击红色拍摄按钮，即可进行10秒短视频拍摄，如图6-28所示。

图 6-28　VUE APP 将视频时长设置为 10 秒

当然，VUE APP 软件原本默认的短视频时长就为 10 秒，大家在使用 VUE APP 拍摄 10 秒短视频的时候，可以不对视频时间长度进行设置，但如果之前已经对视频时长进行过设置的话，再进行拍摄就需要将时间设置为 10 秒了。

6.2　8 大 APP，手机拍照神器任你挑

学会美图是每个微商必学的技能，几乎所有人都有能拍照的手机，但是懂得为照片后期修图的微商却寥寥无几。而拍照 APP 可以帮助你练就一手出色的后期处理技术，建议用手机拍照的微商至少装一到两个。

6.2.1　天天 P 图

"天天 P 图" APP 是一款专业、时尚的图片处理软件，涵盖手机图片美化、美容、拼图等各种需求。"天天 P 图" APP 基于团队自研的人脸检测技术和国内一流的五官定位、图像处理技术，推出了自然美妆、魔法抠图、疯狂变妆、星光镜、光斑虚化、智能景深等多项创新功能，同时提供了趣味多图等图片的新潮玩法。

【操作过程】

在"天天 P 图" APP 主界面点击"P 图实验室"进入其界面，可以看到有"全家福""潮爆艺术画""测圆脸""小学生证件照""漫画头像"等时尚 P 图功能，如图 6-29 所示，用户可以根据需要选择其中一项处理图片。

图 6-29 "P 图实验室"的主要功能

6.2.2 相机 360

"相机360"（又称Camera 360）是一款功能非常强大的手机摄影软件，提供了很多风格迥异的相机拍摄模式，可以帮助用户轻松拍摄出不同风格和特效的照片。相机360 APP的特别之处在于具有丰富特效滤镜的特效相机，即使用户不会后期处理技巧，也可以轻松拍出大师级照片。

【操作过程】

进入"相机360"APP界面，❶点击"图片"按钮；❷导入一张照片，进入"特效"编辑界面；❸点击"效果增强"缩略图；❹增强照片色感，如图6-30所示。

图 6-30 自动增强照片色感

6.2.3 潮自拍

"潮自拍"APP收录了纽约、东京、巴黎等城市滤镜。"潮自拍"与传统的自拍审美不同,它具有全新的自拍理念,能够为用户打造出画面风格极强的电影质感,让自拍更有明星范儿,帮助微商用户吸引客户的注意力。

▶【拍摄案例】

"潮自拍"具备电影滤镜、聚焦、自然美颜、随机特效、模式多样五大特色,并且使用"潮自拍"APP拍摄的人像照色感也很不错,如图6-31所示。

图6-31 网红用"潮自拍"APP拍摄的照片效果

6.2.4 美图秀秀

"美图秀秀"使用平台极广,有电脑版、手机版、网页版。其中,手机版还包括了iPhone版、Windows Phone版、Android版、iPad版等。移动端用户总数突破4.4亿,可以说用户群体非常庞大,用美图秀秀的微商用户也比较多。

"美图秀秀"具有美化图片、人像美容、美图黑科技、拼图、九格切图五大核心功能,涵盖图片编辑、美化、滤镜、马赛克、贴纸、文字、边框、场景、磨皮、肤色美白、面部重塑、瘦脸瘦身等常用小功能。

【操作过程】

进入"美化图片"界面,导入一张照片素材,对素材进行"增强"处理,包括智能补光、亮度、对比度、饱和度的调整,增强照片色感,效果如图6-32所示。

图6-32 使用"美图秀秀"增强照片色感

6.2.5 VSCO

VSCO是时下一款非常流行且功能强大的修图应用,包含了相机拍照、照片编辑和照片分享3大功能。VSCO内置了数量众多的胶片滤镜、照片基础调整工具,用户可以通过它对照片进行快速处理,创造出令人着迷、胶片味道十足的手机摄影作品。

微商们平时除了在朋友圈中发送产品信息,还可以多发一些个人的照片、旅游风景照片等,缓解客户的审美疲劳,如图6-33所示。

图6-33 使用VSCO拍摄的照片

6.2.6 Snapseed

Snapseed是一款优秀的手机数码照片处理软件,可以帮助用户轻松美化、转换。用户还可以通过Snapseed内置的Google+功能,更方便地在朋友圈中分享照片。

Snapseed的主要功能包括修图工具和滤镜两个部分,其中,工具包括调整图片、突出细节、裁剪、旋转、视角、白平衡、画笔、局部、修复、晕影、文字以及曲线调整等功能,可以调整图片的各项参数。如图6-34所示,为对照片的饱和度、氛围和暖色调3个参数进行调整后的效果。

图6-34 通过Snapseed调整照片后的效果

6.2.7 POCO相机

"POCO相机"是中国国内图片原创社针对手机拍照用户群,推出的发烧友级手机拍照工具,内置多种拍照镜头,有40多种后期美化模式,支持一键多平台分享。从作者试用的几十款相机APP来看,"POCO相机"是比较好的一款,其中一个大特色是,它的色彩饱和度比一般的APP要艳丽丰富一些。

【操作过程】

打开"POCO相机"APP界面,进入"美化"编辑界面,导入一张照片素材,进入"颜色"特效界面,点击下方的"华丽重彩"缩略图,即可调整照片色调,处理后的照片前后对比效果如图6-35所示。

图 6-35　使用"POCO 相机"APP 处理前后的照片对比效果

6.2.8　黄油相机

"黄油相机"是一款具有文艺清新风格的手机相机应用，提供了多种美化和编辑功能，并且精选了海量经典的图片美化模板，你可以在线选择喜欢的模板和背景，将你的照片瞬间变得像海报一样好看。

另外，备受微商用户青睐的一点是，黄油相机的照片处理过程形成了一种流程化的处理，如裁剪、调节、滤镜、文字等，我们只需要根据顺序来进行处理即可，如图6-36所示为海鲜照片处理效果。

图 6-36　海鲜照片处理效果

6.3　6 种技巧，通过修片提升照片美感

朋友圈的营销推广离不开精美的图片，学会对图片进行美化与后期处理是每个微商必学的技能。本节主要介绍几种常用修片的技巧，如调整图片亮度、虚化背景效果、人像美容、添加滤镜、添加文字等，希望微商们熟练掌握。

6.3.1 调整照片亮度与清晰度

我们在拍摄照片时，如果亮度过高对画面有诸多影响。然而，曝光不足也是不适宜的，它是很多照片存在的问题。这类照片往往细节不够丰富，颜色暗淡。使用美图秀秀可以有效地调整照片的亮度，让照片更清晰。

【操作过程】

下面介绍使用"美图秀秀"网页版调整照片亮度与清晰度的操作方法。

步骤 01 打开美图秀秀网页版，单击"美化图片"按钮，如图 6-37 所示。

图 6-37 单击"美化图片"按钮

步骤 02 在弹出的对话框中，单击"打开一张图片"按钮，如图 6-38 所示，选择需要处理的照片。

图 6-38 单击"打开一张图片"按钮

步骤 03 ❶切换至"美化图片"步骤面板;❷在"基础编辑"选项卡下方单击"基础调整"按钮;❸在弹出的下拉列表中,单击鼠标左键并拖曳"亮度"滑块至合适的位置;❹单击"确定"按钮;❺完成以上操作后,切换到"保存与分享"步骤面板进行保存,如图6-39所示。

图6-39 拖曳"亮度"滑块

步骤 04 根据页面提示保存照片,并查看调整亮度前后的照片对比效果,如图6-40所示。

图6-40 查看调整亮度前后的照片对比效果

【专家提醒】

在微信朋友圈发照片,亮度适中的照片能得到更好的欣赏效果,增强吸引力。

6.3.2 虚化产品图片背景效果

在拍摄时，有时为了突出人物或某一主体而需要进行虚化背景操作，这时可以通过美图秀秀来实现由近及远而逐渐虚化的"大光圈"效果。

【操作过程】

下面介绍使用美图秀秀将照片的背景制作成虚化效果的具体操作方法。

步骤 01 进入美图秀秀编辑窗口，打开照片，效果如图 6-41 所示。

图 6-41 照片效果

步骤 02 ❶切换至"美化图片"步骤面板；❷单击"局部处理"选项卡；❸单击"背景虚化"按钮；❹使用圆圈画出主体部分；❺单击"确定"按钮，如图 6-42 所示，虚化后的照片主体效果会更加突出。

图 6-42 单击"背景虚化"按钮

【专家提醒】

虚化功能对美化照片来说是非常有特色的，会显得更加有层次，也会让大家眼前一亮，有一种新鲜感，在微信朋友圈发这样的照片，更能引起大家的注意。

6.3.3 对人像进行美容与处理

在产品销售过程中，除了商品本身需要适当修图使之更美观以外，利用人物给产品代言或是买家为产品进行售后反馈用到了人物照片时，我们都应该适当地给图中的人修一下图，使之看起来更健康好看，更能彰显个人魅力以吸引眼球。

美图秀秀APP的"一键美颜"功能可以一键让人物照片的肌肤瞬间完美无瑕，傻瓜式操作，并提供多个美颜级别，量身打造美丽容颜。

【操作过程】

下面介绍使用美图秀秀"一键美颜"功能对人像进行美容与处理的操作方法。

步骤 01 在美图秀秀 APP 主界面中，点击"人像美容"按钮，如图 6-43 所示。

步骤 02 打开一张人像照片，进入"人像美容"界面，点击左下角的"一键美颜"按钮，如图 6-44 所示。

图 6-43 点击"人像美容"按钮

图 6-44 点击"一键美颜"按钮

步骤 03 执行操作后，进入"一键美颜"界面，默认使用的美颜效果为"自然"、美颜级别为"中"，❶左右拖动拉杆即可设置美颜程度；❷我们还可以选择"低"

或"高",来降低或者增加美颜程度,满足不同的需求;❸选择合适的美颜级别后,点击右下角的对钩按钮,效果如图6-45所示。

步骤 04 即可快速美化人像照片,保存修改后,最终的照片效果如图6-46所示。

💡【专家提醒】

美图秀秀具有非常强大的智能美化功能,可以帮助用户快速调整各种类型的照片,以实现不同的效果。精通修图的用户可以选择自助修图的方式,选择喜欢的滤镜与模式,而不那么熟悉修图过程的用户则可以使用"一键美颜"功能,一键搞定。

图6-45 点击对钩按钮

图6-46 照片效果

6.3.4 添加各种照片滤镜特效

在平时的销售过程中,我们可以通过手机镜头随手拍摄身边的产品或是和产品相关的信息,不用担心画面过于简单,完成拍摄后加上滤镜特效就可以让照片更有意境和魅力。美图秀秀的"清新美颜"特效组可以快速打造出小清新风格的照片色调,营造独特气氛。

🔄【操作过程】

下面介绍为照片添加滤镜特效的操作方法,使照片具有吸引力。

步骤 01 在美图秀秀APP中打开一张照片,点击底部的"滤镜"按钮,如图6-47所示。

步骤 02 执行操作后，进入滤镜处理界面，默认选择的是"清新美颜"滤镜模式，界面效果如图 6-48 所示。

图 6-47 点击"滤镜"按钮

图 6-48 滤镜处理界面

步骤 03 在界面底部点击不同的滤镜特效的缩略图，即可应用该特效至照片上，如图 6-49 所示。

步骤 04 此外，应用相应特效后，❶再次点击该特效缩略图，❷还可以通过"美颜程度"和"特效程度"选项对效果进行微调，如图 6-50 所示。

图 6-49 点击特效缩略图

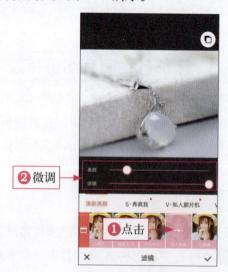

图 6-50 对效果进行微调

步骤 05 保存修改后,照片的最终效果如图 6-51 所示。

图 6-51 照片的最终效果

LOMO已经成为一种经典的影像效果,通过手机APP即可实现,拍出的照片边缘会有暗角。美图秀秀的"格调LOMO"特效则对其进行了进一步调整,不但可以将照片打造成具有年代味的效果,而且还能让照片看起来更加有质感。

在美图秀秀APP的特效处理界面中,选择"格调LOMO"中的特效,即可快速给照片添加各种LOMO效果,可以说是一个"百搭"滤镜,如图6-52所示。

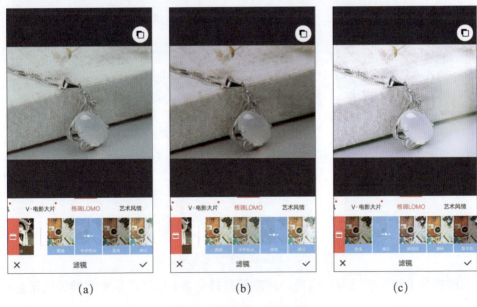

图 6-52 各种 LOMO 效果

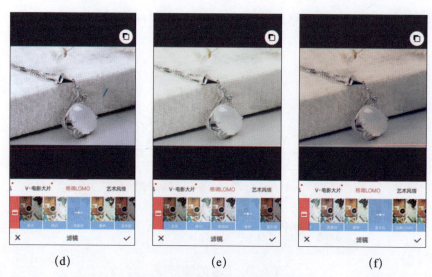

(d)   (e)   (f)

图 6-52 各种 LOMO 效果（续）

6.3.5 添加产品宣传广告文本

在商品图片中，文字是必不可少的，它在对广告图片进行说明宣传的同时还能起到修饰点睛的作用，如图6-53所示。

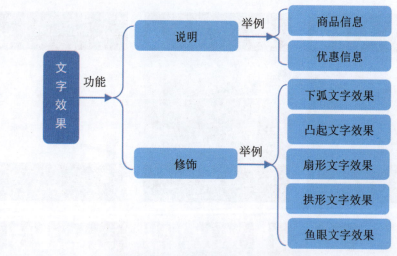

图 6-53 商品图片的文字效果分析

有时图片上除了产品照片以外，还需要有些文字来描述产品基本特征或是公司企业Logo等。

使用水印相机APP，我们可以在手机上分享的照片基础上，同时印上7大类不同款式、不同特色的水印等信息，如图6-54所示，而且APP还会自动更新为实时的日期、地点、天气等信息。

图 6-54 水印相机 APP 水印款式

【操作过程】

通过文字水印，商户们甚至还可以给照片上的产品添加广告用语或是基本的商品描述。由于水印上的字体比普通文字更加可爱，而且添加在照片上像是装饰品，这样更能吸引顾客对文字的好奇心，进而去认真阅读它，是非常好的广告宣传区域。

下面介绍使用水印相机APP添加特色水印效果的操作方法。

步骤 01 在水印相机 APP 中打开一张照片，❶首先调整照片的画布比；❷点击右下角的"完成"按钮，如图 6-55 所示。

步骤 02 进入相机拍摄界面，并点击右下角的添加水印按钮😊，如图 6-56 所示。

图 6-55 调整画布比

图 6-56 点击添加水印按钮

步骤 03 ❶选择一个水印效果，如图 6-57 所示，❷添加后的效果如图 6-58 所示。

图 6-57 选择一个水印效果　　　　图 6-58 添加水印后的效果

6.3.6 使用拼图效果制作多图

所谓"拼图"，是指将不同的图片进行拼合、排列的过程，将其组合成一张图片，具体内容如图6-59所示。

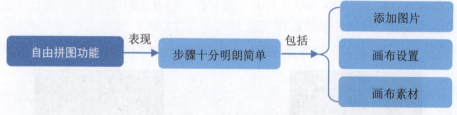

图 6-59 自由拼图功能分析

【操作过程】

在"美图秀秀"APP中，"拼图"功能为用户提供了多种照片拼图模板，用户可以将自己商品的多张照片添加到模板中，满足客户对商品的价值需求，然后将编辑好的图片保存或分享，具体操作方法如下。

步骤 01 在美图秀秀 APP 主界面中，❶点击"拼图"按钮，如图 6-60 所示；❷在手机相册中选择要拼图的多张照片，这里选择 4 张照片，选择的照片会依次显示在下方的列表框中；❸点击"开始拼图"按钮，如图 6-61 所示，即可使用模板进行自动拼图。

图 6-60 点击"拼图"按钮

图 6-61 点击"开始拼图"按钮

步骤 02 ❶点击"模板"按钮,在底部会出现相应的模板缩览图菜单,如图 6-62 所示;❷点击相应的缩览图;❸即可应用该模板,效果如图 6-63 所示。

图 6-62 出现模板缩览图菜单

图 6-63 应用相应的模板

步骤 03 ❶点击预览区中的相应照片,还可以执行美化图片、更换照片、旋转照片与镜像处理等操作;❷选择合适模板后,点击右上角的对钩按钮,如图 6-64 所示;❸保存修改后,最终照片效果如图 6-65 所示。

图 6-64　照片操作菜单　　　　图 6-65　最终照片效果

在"拼图"功能中，除了"模板"，还可以应用"海报""自由""拼接"3个模式，用户可以根据自己的喜好使用不同的模式进行拼图，如图6-66所示为"海报"和"拼接"模式。

图 6-66　"海报"和"拼接"模式

第 7 章

内容打造：攻心文案让你的客户立马下单

学前提示

在朋友圈的营销过程中，如何将商品描述得准确得体又能引人注目，是一个自始至终贯穿销售过程的重大问题，它决定着销售的整体水平。本章主要介绍朋友圈文案内容的写作技巧，使微商、自明星们在营销的世界里大展拳脚，业绩步步高升。

要点展示

▶ 6 种技巧，传授朋友圈发文攻略
▶ 6 种方式，打造月入过万的微商文案
▶ 3 种形式，轻松吸引消费者的目光

7.1 6种技巧，传授朋友圈发文攻略

文字的力量是非常强大的，在朋友圈进行营销推广，软文营销是必不可少的。本节主要介绍6种朋友圈发文的攻略和技巧，希望读者能够熟练掌握。

7.1.1 消费者的痛点是什么

软文必须要有痛点，如果找不到消费者的消费痛点，那么很遗憾，结果就只能有一个，那就是隔靴搔痒，永远没有办法让消费者冲动起来。

在互联网中有一个叫作痛点的营销术语非常火热，尤其是很多企业都对这个词情有独钟。痛点营销的定义如图7-1所示。

> **什么是痛点营销？**
>
> **痛点营销**是指消费者在体验产品或服务过程中，原本的期望没有得到满足，而造成的心理落差或不满，这种不满最终在消费者心智模式中形成负面情绪爆发，让消费者感觉到痛，这就是痛点营销。他的实现是消费者心理，对产品或服务的期望和现实的产品或服务，对比产生的落差而体现出来的一种"痛"。

图 7-1 痛点营销的定义

痛点的核心基于对比，所以，给目标消费者制造出一种"鱼与熊掌不可兼得"的感觉，就是痛点营销的关键所在。企业痛点营销的操作方式如图7-2所示。

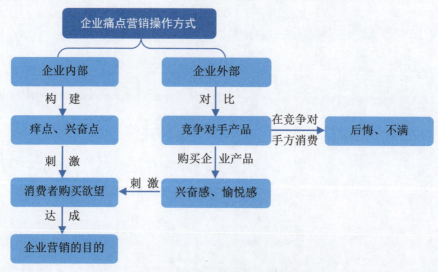

图 7-2 企业痛点营销的操作方式

7.1.2 如何寻找消费者的痛点

很多企业都面临着一个问题，就是如何寻找痛点。然而，痛点其实并没有企业想象的那么难找。

企业对于痛点的寻找，有两点必须要注意，如图7-3所示。

```
寻找痛点注意事项 ┬─ 知己知彼，了解自家和竞争对手的产品或服务
                 └─ 充分解读消费者的消费心理，懂得消费者所想
```

图 7-3　痛点寻找的注意事项

挖掘痛点不可能一蹴而就，这是一个长期的过程，需要不停地观察挖掘细节，痛点往往就在消费者最敏感的细节上。企业挖掘一到两个细节，感同身受地体会自己的需求与冲动点，才能够挖掘到消费者的痛点。

【营销案例】

市面上有一款以女生例假为核心的APP"大姨吗"，研发人员在研发最初就做到了亲身感受痛点，如图7-4所示。

> 垫着护垫模拟女性生理期
>
> "感同身受"俘虏2000万颗芳心
>
> 2012年1月，"大姨吗"一上线，用户从0到20万、200万、2000万，异常火爆。女性用户们亲切地叫柴可为"大姨爹"，而柴可也乐于接受这个称呼。
>
> 事实上，市场上并不缺少同类手机应用，作为一个永远都不可能体会到"大姨妈"的男人，柴可研制的产品为何征服了2000万女性的芳心？"我从不将'大姨吗'定位为一家基于移动互联网创业的公司，我更愿意将它做成一家健康顾问或服务类公司。"柴可说，"'大姨吗'是凭着内容取胜。"
>
> 柴可坦言，做"大姨吗"，最大的问题就是自己是男人，"但男人有劣势也有优势，劣势就是无法感同身受，优势就是能客观地看待'大姨妈'这个事情。"
>
> 柴可和他的队友一起，每天上班的8个小时都在研究月经，他们查阅了世界上所有的妇科学、统计学，囊括黄种人、白人、黑人妇女经期的记录。"连上班挤公交时也要看手机上下载的资料，经常有女乘客斜眼看我，认为我'有病'。"柴可回忆起当初的情景时，忍不住笑了。
>
> 除了学习医学上的知识，柴可和他的队每个月也要有那么几天，和女性一样，垫着420型号的护垫。"420是市面上最大最厚的卫生巾型号，我们就是想感同身受女性那几天的痛苦，这样才能研制出好的产品来。"柴可说。
>
> 在柴可的团队里，经期研究人员占了绝大多数，其次是医学编辑，最后是市场推广人员。"做产品不能急躁，从上线到2013年一年时间里，我们花在市场营销上的费用只有27万，而花在内容研发制作上却足有400多万。"柴可说。

图 7-4　企业需要切身体会痛点

由此可以证明，为了一个好创意体会痛点，是非常重要的。企业需要认真仔细去把马斯洛原理透彻研究一下，才能使自己完全地体会痛点，如图7-5所示。

图 7-5　马斯洛原理

7.1.3　朋友圈发文，重要信息放最前面

在微信朋友圈营销的文章当中，除了要有一个新颖、吸引人的主题以外，还需要有一个让人感兴趣的开头。其实写营销类的文章有一点像记者写新闻，应该采取"开门见山"的方法将重点内容归纳在主旨句——第一句里。

一来防止有些读者在读到重点之前失去耐心。至少"重点前置"可以保证他们顺利了解整篇文章的中心思想，无论有没有将文章读完。二来列举出全文的重点也可以引起读者的兴趣。其实不仅仅是整篇文章，每一段最好都能采取这种办法，将段落重点提炼出来放在第一句里，方便理解和阅读。

微商们平时在写作时，应该有意识地先去用一句话总结接下来要写的段落，再根据这句话进行延伸，完善文章。倒也不是说一定每一次写文案时都需要这么刻意地去提炼，只是练习做多了之后，就会慢慢养成这种习惯，培养一个比较顺畅的逻辑思维能力。其实写文案并不是在进行文学创作，不需要那么一板一眼地死抠句子和词汇。只要能够做到简洁、流畅、一目了然就很好了。

7.1.4　九宫格的图片数量最符合审美

在朋友圈文案的编写中，除了需要图文并茂以外，还要注意的是，其实张贴图片同样也有一些技巧。比如，贴多少张图合适？一般来说配图最好是1张、2张、3张、4张、6张、9张这几个数量。当然，如果可以，9张在营销过程中来说是最讨喜的。这样9张的照片在朋友圈中，会显得比较规整一些，版式也会更好看一些。关键是说服力更强，可参考的依据更多。

【营销案例】

图7-6所示的朋友圈发文信息中，图片都贴成了九宫图的样式，很好地体现了图文的丰富性，提高了文章的可阅读性。

图 7-6　朋友圈发文九宫图的样式

7.1.5　转载公众号文章精准营销日销3万

平时在刷朋友圈时，除了个人编辑的内容以外，商家们还能看见许多被分享至朋友圈的链接。一般来说，由公众号分享过来的内容是最多的。有的人靠微信朋友圈发家致富，有的人则依靠微信公众号销售产品。微商、网红、自明星们可以将公众号的文章转载至朋友圈，扩大产品营销力度。

【营销案例】

一位名为"哈爸"的中年男子余春林就是依靠微信公众号以及腾讯媒体开放平台创造了日销3万元的成绩。余春林是一个自明星，他运营着"哈爸讲故事"微信公众号。如图7-7所示为"哈爸讲故事"微信公众号及故事列表。

想要销售产品，第一步就是引流，余春林在"哈爸讲故事"微信公众号上通过发布绘本、育儿的软文信息内容吸引了一大批粉丝和读者。有了粉丝后，余春林就开始销售自己的产品了，他通过微店开店的方式在朋友圈里进行了精准营销，同时通过一系列促销打折活动，轻轻松松就创造了日销3万元的销售奇迹。

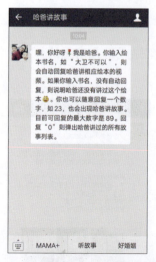

图7-7 "哈爸讲故事"微信公众号及故事列表

余春林能够成功的原因在于他抓住了家长们的心理需求,通过一系列绘本分享和育儿教育的相关内容,采用图文并茂的形式将软文推送出去,成功地走进了家长们的心,在亲子教育这一块引起了共鸣,这就是典型的情感软文营销方式。

【操作过程】

步骤 01 打开公众号的文章列表,点击右上角的"设置"按钮,如图7-8所示。

步骤 02 弹出相应面板,点击"分享到朋友圈"按钮,如图7-9所示。

图7-8 点击"设置"按钮　　　　图7-9 点击"分享到朋友圈"按钮

步骤 03 进入文章编辑界面，❶在文本框中输入相应的文本内容；❷点击"发表"按钮，如图 7-10 所示。

步骤 04 执行操作后，即可将微信公众号中的文章转载至自己的朋友圈中，如图 7-11 所示。

图 7-10 点击"发表"按钮　　　　　　图 7-11 将文章转载至朋友圈

7.1.6　转载新媒体平台内容提升产品热度

　　H5页面是现在十分常用的数字产品。通过它，用户们可以打开新媒体应用平台而不用下载任何APP或是跳转进入浏览器。H5页面基于云端，无须下载，它能够融合文字、图片、音频、视频、动画、数据分析等多媒体元素在一个界面当中，甚至还能在后台实时获取阅读和传播情况，给决策者提供大数据。一般来说，H5最常见的功能包括投票功能、接力功能、抽奖功能、展示功能、报名功能、地图功能等。

【营销案例】

　　由于市面上现在广告类型越来越多，各种形式早已不新鲜。所以很多商家都在另辟蹊径想找寻一些更加有意思、能让更多人注意的广告形式。而就近几年来说，越来越多的人迷上了游戏，特别是手游。慢慢地，游戏开始被各个年龄阶层的人所接受，不再仅仅是年轻人的消遣活动。有些企业，直接寻求广告商的帮助要求对方制作一个专属自己企业的小游戏。这类游戏中所有的设备、道具等都有品牌的痕迹。当然，这种游戏就是属于H5页面的小游戏了。

让我们看一个例子，如图7-12所示，是广告商专门为奥贝婴幼玩具设计的小游戏。这款游戏简单又有趣，砸蛋随机会出现奖品，一般都是店铺的代金券，领完后可以直接从游戏界面跳转进入店铺当中。

 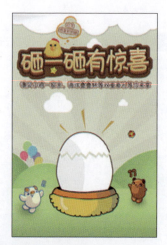

图7-12 "奥贝婴幼玩具"游戏界面

7.2 6种方式，打造月入过万的微商文案

文案营销算是在网络营销中不可或缺的一种营销方式，所以许多行业都很重视软文的写作，朋友圈中的微商也需要掌握好微商文案的写作技巧，提高产品的销量，用情感去打动你的顾客，从而产生共鸣感。本节主要介绍6种微商文案的写作技巧。

7.2.1 图文结合的软文更有吸引力

发朋友圈有3种方式：一是发纯文字；二是发送图文并茂的内容；三是发送视频内容。软文营销肯定是和文字有关的，因此在微信朋友圈进行软文营销，可以选择前面两种形式。

但是最好是采用图文结合的方式，图文结合的软文会比单纯的文字更加醒目、更加吸引人，蕴含的信息量也更大。

【营销案例】

如图7-13所示，为某微商采用图文结合的方式发布的产品营销信息，左图是护肤品的微商广告，右图是拍摄婚纱类的微商广告，他们发图的数量都是比较讲究的，如4

张、9张都是在标准的发图数量中。

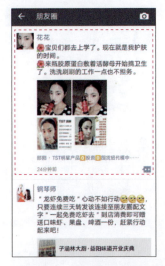 

图 7-13　某微商采用图文结合的方式发布的产品营销信息

【专家提醒】

在朋友圈中发图文结合的微商广告时，其具体的操作方法在第8章中有具体的介绍，详细讲解了如何上传照片、如何发表文字等，用户可参照后面的章节进行操作。

7.2.2　利用前三行来吸引用户流量

一般来说微信朋友圈只有6行能直接展示文字的功能，对于软文营销而言虽没有字数限制，但最好是利用前三行来吸引微信用户的目光，将重点提炼出来，最好让人一眼就能扫到重点，这样才能使人们有继续看下去的欲望。

否则发布的内容太长，就会发生"折叠"的情况，只显示前几行的文字，而读者必须点击"全文"才能看余下的内容。

微信作为一个社交平台，人们更愿意接受碎片式阅读形式，不喜欢那种长篇累牍式的文字。因此对微信软文营销人来说，不要让自己朋友圈的内容太过冗长，如果有很长的内容，建议将重点提炼出来，让人一眼就能扫到重点最好。

【营销案例】

如图7-14所示发布的朋友圈微商软文，都利用了前三行来吸引用户的流量，做到了言简意赅，重点信息都放在了最前面，让顾客一看就明白这是一则什么类型的广告，从事的什么产品和业务，让顾客了解得非常清晰。

图 7-14　利用前三行来吸引用户的流量

7.2.3　利用九宫格强化产品优势亮点

强化功能撰写法，就是在微信中将产品最大的优点突出来。在这里，要运用到九宫格强化思维法，什么是九宫格强化思维法？就是运用九宫格将产品的众多优点一一列出来，具体操作方法如图7-15所示。

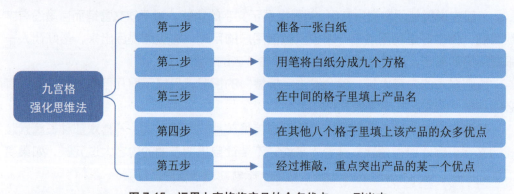

图 7-15　运用九宫格将产品的众多优点一一列出来

【营销案例】

举个很简单的例子，假设商家是卖面膜产品的，罗列出来的面膜功能可能有20多个,但是这么多的功能,真正能够让消费者记住的可能没有几个,那还不如强化消费者的记忆,重点突出其中的一个特点,例如美白滋润,那么以后消费者想要美白滋润面膜的时候就会立刻想到商家的面膜。

7.2.4 多角度全面地介绍产品功能

商家在朋友圈进行软文营销的时候,关于产品的介绍要从多个角度出发,除了介绍产品的主要功能之外,还可以包括以下内容,如图7-16所示。这样做,能够让用户对产品有个综合的了解。

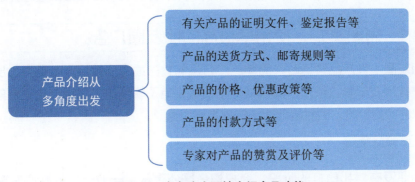

图 7-16 多角度全面地介绍产品功能

7.2.5 进行零风险承诺完善售后服务

微信朋友圈虽然做的是熟人生意,但是随着时间的推移和生意的扩展,慢慢会有越来越多的陌生客户添加商家微信,进入商家的朋友圈,这时候,商家需要通过打消买家的疑虑来获得买家的信任。

那么,商家如何消除买家的疑虑呢?可以进行零风险承诺,承诺如果买家不满意,就可以退款,或者免费提供相关的服务,以此来提高消费者的购买体验,让他们满意了,市场才会慢慢打开。

7.2.6 及时解答用户常见问题

商家在朋友圈软文中,最好尽可能将客户会遇到的常见问题进行解答,这些常见的问题包括如下内容。

- 产品送货问题。
- 产品质量问题。

- 产品退货问题。
- 送货安全问题。
- 产品的使用问题等。

商家考虑得越详细，客户才会越满意。

7.3 3种形式，轻松吸引消费者的目光

在朋友圈的营销中有3种形式最容易吸引顾客的目光，让顾客对产品有阅读的兴趣，包括短图文式、长图文式以及长图片式，本节将对这3种发文形式进行介绍。

7.3.1 短图文式，使用率最高的朋友圈广告

在朋友圈中做产品营销时，简单的广告虽然它的成本比较低，不需要付出太多的金钱，操作形式简单，适合不太懂得电子设备和电子软件的人使用。更重要的是，在一个品牌的初始阶段，相对基础的广告其实更为重要。

【营销案例】

在企业没有稳扎稳打的阶段，商户们最好还是从"一对一"的贴心服务开始做起，在朋友圈进行最简单却又最贴近群众的广告形式，如图7-17所示。

图 7-17 相对基础又贴近群众的广告形式

在朋友圈中还有一种短图文式的广告，是商家投入微信平台的一种广告类型，商家需要付广告费，每一位微信用户都可以在自己的朋友圈中看到该广告信息，如图7-18所示。不过，这种类型的广告适合资金比较雄厚的大型企业。

图7-18　商家投入微信平台的一种广告类型

【专家提醒】

通过以上案例我们可以知道，商家在选择不同形式广告的时候，一定要从品牌自身实际情况出发，努力去寻找正确的广告模式，而不是盲目地投入。

7.3.2　长图文式，文字图片信息较多的广告

图文式广告其实还有另一种形式。其实两者也并无太大的区别，主要还是在"字数"上有些许不同点。

【营销案例】

这种长图文式的广告形式往往是因为商家想要在文字中传递更多的信息，所以才会造成广告内容被折叠。

第一种被折叠得只剩一行，第二种被折叠一半。这是因为微信系统对文字数目有要求，太长不利于用户读到其他好友的信息，所以会将这些内容进行折叠。但一般有经验的商户都会将过长的信息复制并粘贴至评论处，如图7-19所示。

图7-19　将内容粘贴至评论处的折叠广告

7.3.3　长图片式，以图片承载文字与图片的广告

在朋友圈内发送广告，除了最传统的"图片+文字"以外，还有一种形式，那就是直接放一张后期制作好的长图片。那么，用长图片的好处有哪些呢？一是可以使所阐述的内容更加丰富；二是可以通过排版和色彩更加吸引顾客的眼球。

1．所阐述的内容更加丰富

比起折叠式，还需要用户动手点开，明显长图片更加简单易行，并且所包含的内容可以更加多种多样。任何想要在广告中表达的信息，商户们都可以通过长图片阐述出来，不用担心字数的限制。

2．排版和色彩可以吸引眼球

比起"文字+图片"的传统模式，长图片式可能会更加引人注目。因为它可以往里面添加许多可爱的图标与贴画，文字和图片也可以穿插出现，直观性更强，更加引人注目。

甚至，商家还可以将产品画成漫画的形式，用长图片呈现出来，发送至朋友圈内。这种营销方式新颖独特，引人关注。

【营销案例】

图7-20所示为长图片式的朋友圈广告形式，这种广告形式可以展示更多的产品信息和微商内容，以方便商家宣传和推广产品。

图7-20 长图片形式的朋友圈广告

第 8 章

微商营销：迅速把你的微商产品卖出去

学前提示

随着微信进入人们的生活，微商也乘风而来，据某平台2017年统计，从事微商的人数已近5000万，由此可见微商的火热程度。朋友圈是微商的营销阵地，微商们需要掌握一定的营销技巧，才能取得事半功倍的营销效果。本章主要介绍微商的6种营销策略和3种营销方式。

要点展示

- ▶ 朋友圈晒单、晒好评吸引顾客
- ▶ 6种策略，掌握常见的微商营销技巧
- ▶ 3种方式，促进微商营销力度与销量

8.1 朋友圈晒单、晒好评吸引顾客

不管微商的营销方式和手段如何发展，都离不开晒单、晒好评来吸引顾客。微商以此作为提高产品的销量和知名度，树立微商品牌、口碑及产品形象的一种微营销方式。本节主要介绍朋友圈晒单、晒好评吸引顾客的营销技巧。

8.1.1 巧妙晒单，激发客户购买欲望

微商在公众号、朋友圈、微信群或者微博中进行产品营销活动推广的过程中，除了发布相关的产品营销软文以外，还需要配上产品的图片和基本信息。为了让顾客信任，也可以晒一些成功的交易单或者好的评论，但是有两个问题在晒单过程中值得我们注意，那就是适度和真实。

1. 产品营销广告要适度

在晒单的过程中必须要适度，因为不管在哪个营销平台，无谓的刷屏是人们十分反感的，所以万万不能犯了这一营销大忌。但对微商来说，晒单其实是非常有必要的，任谁看到大量的成交量都会对商品本身产生心动和行动，所以这一点上我们需要把握好尺度。

2. 产品的信息真实可靠

必须要在单据上显示真实的信息，我们必须将所有真实信息展现给好友们看，以诚信为本，否则会让消费者觉得我们不真实，从而产生排斥的情绪。

【营销案例】

下面以微信朋友圈发走单广告为例，以图文并茂的方式进行微商食品的营销推广，如图8-1所示，这样能吸引一部分消费者前来光顾。

图8-1 走单、下单信息和物流单号

从营销角度来说，适度地晒一些交易单之类的营销信息，可以大大地刺激消费。那么晒交易单究竟有些什么好处呢？在笔者看来，适度的晒单可以让买家们放心，增强买家对微商的信任感，还可以吸引客户的好奇心，对产品产生兴趣。

关于晒单还有一个小妙招，在一张照片中，微商可以放上几个快递单，并且将它们叠加起来再拍照，这个时候卖家应该尽量将照片凑成九张，并且强调，这是一天或是两天里发出的产品。

这样就会让消费者们觉得，这家店的产品特别受欢迎，自己也想购买品尝一下，可以在某种程度上推动销量。

【专家提醒】

切记不要犯部分微商频繁刷屏的错误，坊间有句老话："微商朋友少"，就是指这种频繁刷屏的做法，会让消费者很反感，从而减少了用户流量。

我们平时无论是晒单还是晒好评，都需要注意节制，广告不要太硬，大部分消费者接受不了突如其来的硬性广告，所以我们需要在方式方法上注意这些细节。

【操作过程】

下面以微信朋友圈为例，介绍巧妙晒单上传照片的操作方法。

步骤 01 进入微信朋友圈，❶点击右上角的"相机"图标，弹出列表框；❷选择"从相册选择"选项，进入"图片和视频"界面；❸在其中选中需要晒单的照片；❹点击右上角的"完成"按钮，如图 8-2 所示。

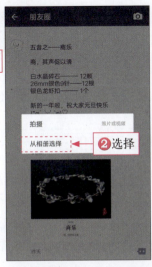

图 8-2　从相册选择照片编辑微商软文信息

【专家提醒】

用户通过朋友圈晒单的过程中,还有两个实用的操作技巧可以学习一下。

- 在微信朋友圈中,单击"相机"图标后,在弹出的列表框中选择"拍摄"选项,可以实时拍摄相关的微商照片画面。
- 在微信朋友圈中,按住"相机"图标不放,即可进入朋友圈文字编辑界面,在该界面中只能发表文字,不能晒照片。

步骤 02 执行操作后,❶将3张照片上传至文章编辑界面;❷在上方文本框中编写好微商软文内容;❸编辑完成后,点击右上角的"发送"按钮;❹执行操作后,即可在朋友圈中发表微商的软文营销信息,并附上相关的晒单照片,如图8-3所示。

图 8-3 朋友圈的微商软文与发表操作

8.1.2 晒好评,营销最有力的声音

我们在进行微商营销的过程中,除了需要发表有关产品的文字与图片以外,为了让顾客更充分地信任我们的产品,还需要把我们的好评拿出来"晒一晒"。通常来说,提到"好评",我们立马就会想到淘宝,但是对微商行业而言,就不完全是针对这一块儿了。微商晒好评渠道主要体现在以下两个,如图8-4所示。

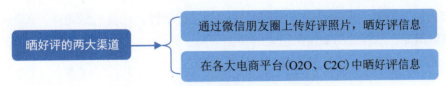

图8-4 餐饮业晒好评的两大渠道

接下来给大家介绍微商用这两大渠道晒好评的一些详细内容。

1. 在微信朋友圈中晒好评信息

如今微信已成为国内最大的社交软件，消费者会通过微信平台向微商咨询相关的产品信息，有时候买单也会通过微信支付。有些消费者也会在微信中对产品进行认可、表扬。商家可以将这些信息进行截屏操作，然后将评价晒到各大网络社交平台。

【营销案例】

如图8-5所示为两组微信对话形式的好评，微商可以将这些好评信息通过截图的方式存入手机照片库，然后再发表到各大社交平台。

图8-5 微信对话好评截图

2. 在电商平台中晒好评信息

在微店、淘宝、当当、美团等O2O、C2C的电商平台中，买家的评价十分重要。如果我们将晒好评比喻成"晒谷子"，那么微信的"晒"是掌握在自己手里的，而电商平台就是大家一起晒。我们将优缺点一起分析，电商平台的好评对比微信好评，前者影响力大过后者，但缺点是互联网时代的公开透明性，一旦出现差评，前者一般情况下难以清除，从而给微商带来巨大的负面影响。

下面以图解的形式介绍打造良好评论环境的方法，如图8-6所示。

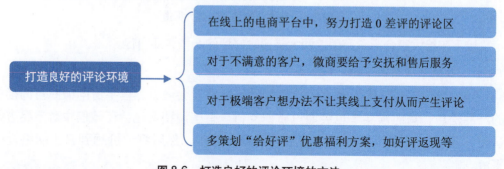

图 8-6　打造良好的评论环境的方法

【营销案例】

微商可以将这些电商平台中的好评信息截取下来，然后通过图文结合的形式转发到微信朋友圈中，还可以在淘宝、微店中售卖某款产品时，在产品的详情介绍中附上这些好评信息，让买家更加放心，如图8-7所示。

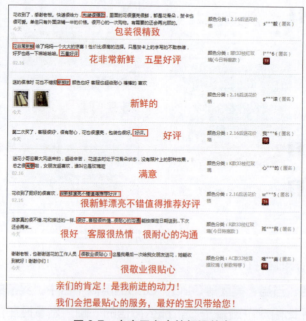

图 8-7　电商平台中的好评信息

微商还可以将这些好评信息转发至微信群、QQ群等社交平台，扩大产品的品牌知名度。在微信朋友圈中晒好评的方法与上一个实例中晒单的操作方法是一样的，这里不再重复介绍。

8.2　6种策略，掌握常见的微商营销技巧

在微商的营销活动中，有些微商会通过明星效应来带动产品的销量，有些微商会结合时下的热点话题进行产品的营销活动，这些都属于微商的营销策略。下面向读者详细介绍6种常见的微商营销策略和技巧。

8.2.1　明星效应，最能带动粉丝消费

现在的中国已经进入粉丝经济时代，粉丝文化已经发展得十分完善了。有些聪明的微商老板会选择邀请一些知名艺人、明星代言微商产品和品牌，这种做法能够帮助他们收获丰厚的利润。明星效应已经对我们的生活产生重大影响，电视里明星代言的广告对我们会产生潜移默化的影响，如提高企业的美誉、提升产品的销量以及提高品牌知名度等。

【营销案例】

对于资金比较雄厚的微商企业，可以考虑邀请一些当红的明星、艺人来为自己的微商品牌代言。在朋友圈中发布产品营销信息时，可以附带一些明星使用产品的照片，以增强品牌吸引力。

一般来说，投资与收获是成正比的，越肯出钱请当红的明星、艺人，获得的回报越丰厚。例如，某护肤品品牌邀请当红电视剧演员做美肤的代言，这位微商将明星的照片做成背景封面，在朋友圈发产品信息时，也附带明星的广告照片，如图8-8所示，使用明星效应带动了粉丝经济，提高了护肤品的营业额与利润。

下面为大家简单介绍一下明星效应的3个作用。

一个水平很高的明星，往往能够带动整个品牌的格调，而在现在这个人们文化水平越来越高的社会，购买者对"格调"这个词是非常看重的。

除了普通群众以外，该明星的粉丝绝对会买产品的账。他们不仅自己会来购买产品，还会拉动身边的人一起来购买产品。一传十、十传百，慢慢地，来购买产品的粉丝和顾客就会越来越多。

明星本身的光环也能够影响微商的品牌，顶着"某某产品"代言人的头衔能够帮

助此品牌提高知名度。

图 8-8 明星代言的肤护品品牌

因此,微商们如果在资金比较雄厚的情况下,可以通过明星效应的方式带动消费人群,以引起粉丝们的强烈关注。

8.2.2 饥饿营销,限时限量制造紧迫感

中国有一句古话叫作"物以稀为贵",意思就是越紧缺的资源价值越大。很多时候,某项资源比较丰富时,我们对它的需求量相对比较少;相反,资源稀缺时我们会更想得到它,正是这种稀缺性,激发了人们想要拥有的欲望。

这种营销方式同样可以应用于朋友圈的微商行业,微商们可以把这种心理运用在产品的营销活动中。制造某种产品供不应求的状态,会让消费者对这种产品充满好奇心,并且想尝试购买一探究竟。

那么微商们应该如何制造产品的稀缺性呢?我们可以从两个方面入手:一是限制产品售卖的数量;二是限制产品的优惠时间。

1. 限制数量

数字是相对来说比较抽象的概念,很多时候,如果没有别人的提醒,我们对数字的敏感度可能并不高。

因此,在微商营销活动中也必须要注意到这一点,微商们可以通过微信朋友圈的方式随时提醒顾客限量的商品数量,给对方造成一种紧张感,让顾客产生"如果再不抓紧时间好东西就白白溜走了"诸如此类的感受,这样也同时给顾客制造一定的稀缺

感和压迫感,会在一定程度上拉动销售的数量。

📂【营销案例】

以化妆品为例,圣罗兰的口红有时会出限量版,而且价格也相对比较昂贵,但是每一次圣罗兰的口红只要进入市场绝对是供不应求。每个女人都希望自己能够拥有这样一支限量版的口红,从而脱颖而出,有与众不同的颜色。

如图8-9所示,这位微商通过在朋友圈制造产品的限量氛围、热卖气氛,让顾客产生紧张感,从而提升产品的销量。

图8-9 制造产品的限量氛围

经济生活水平的不断提高使得人们开始追求个性与时尚,每个人都希望自己是独一无二的,那么限量购买的商品往往能够成为"独树一帜"的物质代表。

微商们应该利用人们的这种心理来进行营销活动。将自己品牌中的某种商品定为"限量版",标明发售时间先到先得,商品的销售量一定会大大提高。但必须要注意的是,这一方法更适用于相对来说较为高端、高品质、高口碑的商品。

2. 限时抢购

限时抢购又称闪购,源于法国网站Vente Privée,最早的闪购模式是以互联网作为依托的,采用电子商务的模式,如图8-10所示。

一般来说,开展"限时抢购"活动的时间点,都是在市场相对来说比较疲软的时候。这段时间可能由于市场货品饱和所以导致销售额并不那么乐观,为了刺激消费,微商们可以开启"限时抢购"的活动。

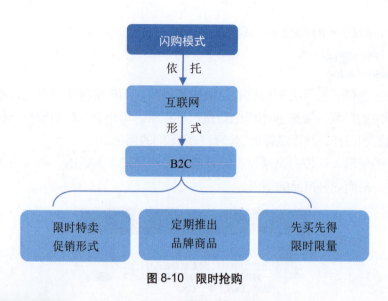

图 8-10 限时抢购

> 【营销案例】

在朋友圈发布"限时抢购"的活动时,可以配上相应的活动海报,刺激消费者的眼球,制造紧张的效果,如图8-11所示。

图 8-11 朋友圈限时抢购的图片海报

图8-12所示为两份限时抢购的朋友圈广告。第一张图是药店的限时抢购活动;第二张则是新店开业的限时抢购。

无论如何,"价格"都是消费者在购买商品时考虑的最基本因素。所以任何时候,"低价"对消费者都有着致命的吸引力。这就意味着,"限时低价"一定能够起到拉动销量、刺激购买的作用。

图 8-12 微信朋友圈中限时抢购的广告

可是要注意的是，很多微商开展的"限时抢购"活动以失败告终。究其原因主要是没有告诉消费者为什么要优惠。

不存在没有原因的优惠，莫名其妙地降价，而且优惠的力度又如此之大，是不是商品本身有什么问题呢？过期了抑或是产品不合格？消费者恐怕会这么去想。一来二去，不仅最后优惠活动没有处理得当，甚至会影响整个产品的声誉。

在进行"限时抢购"的过程中，必须要将优惠的原因告诉客户，是为了感谢老客户的支持呢，抑或是针对某个节日等原因来开展这一活动呢，又或者是别的原因呢？毕竟限时优惠的优惠力度还是非常大的，为避免消费者对商品本身产生怀疑，最好事前告知原因。

【专家提醒】

在微信朋友圈的优惠活动营销中，限时优惠对用户来说有着强烈的吸引力，微商要营造一种"优惠不是时时有"的氛围，让用户抓紧时间购买。

8.2.3 制造情景，营造出产品非常热销的氛围

热销氛围可以让消费者产生从众心理，形成羊群效应。羊是群居动物，它们平时习惯随大流，并且是盲目地跟随大流。只要羊群中有任何一只羊开始往前冲，牵一发而动全身，这时所有的羊都会和它一起往同一个方向冲，浑然不顾它们所去的方向有没有危险或是有没有食物。当"羊群效应"在心理学中用来描述人类本能反应时，其

实也就是我们平时所说的"从众心理"。

人们常常随大流而动,哪怕跟自己意见可能全然相反也会选择否定自己的意见跟随大众的方向,甚至是放弃主观思考的能力。

比如,我们出去吃饭的时候,如果要临时寻找饭店,一般人肯定会选择一家店里人比较多的餐馆,"生意惨淡"在我们眼中就是"菜不好吃","有人排队"则意味着"菜色可口"。这样判断的结果正确与否并不能完全断定,可是跟随众人,正确率通常可以大大提高。所以说,羊群效应并不是完全没有道理的,大众的经验大部分时候还是可以作为参考的。

【营销案例】

微商们如果有自己的实体店,就可以在实体店中拍摄产品热销的情景照片,然后在朋友圈中发布这些热销的照片,为产品制造热卖的氛围,引起消费者的兴趣,充分利用消费者的从众跟风心理,如图8-13所示。在营销过程当中,如果微商们可以合理地利用这种盲从心理,就有可能大规模地提升商品整体的销量。

图8-13 为产品制造热卖的氛围

【专家提醒】

微商们在售卖某种商品时,也可以时常向朋友圈中的各位好友们透露一下已售卖的数量,给顾客营造一种商品在被疯狂购买的感受。当然这种数量如果能够精准到个位会更加让人觉得可信,比如在朋友圈中宣传时附上这样的语句:"商品上架刚刚8个小时,就已经抢购了56321件!"这种语言可能会激起顾客购买的潜意识,也去疯狂抢购这件商品。

8.2.4 对比产品，通过产品的比较突出优势亮点

人们常说："竞争对手不仅仅是敌人，还是自己最重要的老师"，所以引入外界的竞争者，激活内部的活力，从竞争对手那里获得灵感，也是微商营销的招数之一。那么，微商应该怎么做呢？如图8-14所示。

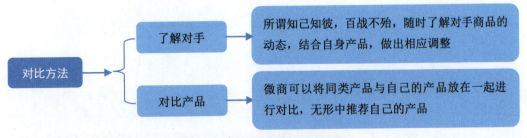

图 8-14 微商产品对比营销手法

【营销案例】

图8-15所示为一位卖羽绒服的微商，通过将别人家的羽绒服与自己家的羽绒服进行对比，突出自己家高端的服装质量，从而吸引朋友圈的顾客进行购买，这种营销方式能使消费者产生足够的信任。

图 8-15 通过对比产品进行营销

8.2.5 赠送产品，送体验、送产品、送服务

通过赠送产品进行促销是最古老、最有效、最广泛的营销手段之一。人们往往因抵挡不住赠品而产生消费行为。赠品促销的好处有很多，主要体现在以下几个方面，如图8-16所示。

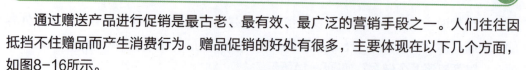

图8-16 赠品促销的好处

商户应该从生活中去感受营销，相信大部分人都很乐意接受各种各样的礼物。一来可以感受到赠送礼物的人对自己的感情；二来免费得到东西，会认为自己赚了，并且充满惊喜感，这总是让人欲罢不能的。

【营销案例】

让我们把这种情绪运用在营销上。在对方购买商品时，选择赠送一些礼物，那么客户是不是同样也有生活中收到礼物的喜悦感？

来看一个例子。一般女士去逛护肤品店并且购买商品时，商家都会选择赠送一些"护肤小样"给客户。这些护肤小样一般来说，分量并不大，也就能用2~3天，平时短期出门时可以当作旅行装。可是正是因为有这些护肤小样的存在，客户们才会觉得自己买的东西很值，因为赠品很多，很有惊喜感，如图8-17所示。

但实际上正如我们所知，这种"值"的感觉只是一种错觉，而正是这种错觉，往往会使客户产生想要购买更多商品的欲望。道理很简单，买得越多，送得越多，满足感也就逐步加深。

【营销案例】

有时对方可能不需要买某件商品，可是当商家告诉他，买某件东西就能赠送另一件东西时，客户往往会心动，哪怕他可能根本不缺也不需要这种东西。

图 8-17　有赠品的营销技巧

如图 8-18 所示，这是一家卖皮靴的店铺，打出了"买一双送一双"的广告，这种营销手段是极具诱惑力的。

图 8-18　皮靴店铺的广告

除了这种比较常见的"购买赠送"活动，还有另一种方式，那就是分层级的方式，大概的操作方法是购物满多少元之后，所赠送的商品会比上一个层面的要更贵也更精美。

比如卖衣服的店铺打出的广告,满200元赠送一个随身饮水杯,满400元赠送一个烧水壶,满600元赠送烧水壶和饮水杯等,以此类推。在这种情况下,客户为了得到更好和更多的东西,就会买得更多一些。

8.2.6 塑造价值,消费者获取产品最大的回报

在营销过程中,微商们必须意识到,我们所销售的,看似是商品这个实体,实则售卖的是产品本身所存在的价值。因此,在向顾客推销某些商品的时候,应该仔细询问用户本身的情况,选择一个正确的切入点来推销自己的商品。

【营销案例】

举一个例子,一家人去家具市场购买窗帘,一位销售人员给他们介绍各种规格、图案、材质的窗帘,虽然对商品有了基本的认知,但顾客并没有对商品有很清晰、很深入的认识,所以没有购买。

这时,来了另一个推销人员,他没有着急地推销产品,反而和购买者聊了起来,问:他们窗帘买了是给谁用?所安装的房间窗户朝向哪个方向?使用者喜欢哪一种颜色?整个房间的布置是什么风格的?等等一些问题。在聊天过程中,这位销售人员大致摸准了这一家人的品位与需求,于是对症下药地给他们介绍了一款产品,大致符合他们的所有要求,又拿自己做例子,大概介绍自家的装修风格和这家购买者的风格十分相像,他自己也选择的这款窗帘,十分搭调,还拿出手机来给对方看自家窗帘安上后的样子。最后,这家人选择了这款窗帘。

从上面的例子中可以看出,窗帘本身是商品,那么多种多样的类型为什么顾客独独选了其中的某一种呢?这就是因为被选中的商品背后所体现的价值吻合顾客需求。那么,我们应该从哪些方面抓住顾客的心理,为商品塑造价值呢?下面向读者分别讲解。

1. 效率高低

在现如今这种讲究效率的社会,能够快速见效的东西往往会更受用户的欢迎。时间就是金钱,所有人都希望可以在最短的时间内收到最大化的回报。

比如说培训机构,要是能够打出"一个月掌握新概念英语""20节课雅思上6.5分"之类的广告肯定会更受家长们的青睐。又比如减肥产品,能够越快瘦下来的肯定越受用户关注。所以,如果想要让顾客购买商品,一定要将商品的高效率功能体现出来,为商品塑造效率上的价值。

2. 难易程度

这一点很好理解，越容易上手的产品自然越受欢迎，特别是高科技产品，由于它自身的高端性导致这些商品的操作方式比较复杂。就拿手机举例，现在的智能手机年轻人可能可以随意地使用，可是年纪稍微大一些的、用惯了原来的翻盖式、带键盘手机的或许用不太习惯。这个时候，越方便的智能手机自然会让人倾心。

【营销案例】

比如苹果手机，自带智能机器人siri，用户可以通过和机器人的交谈来实现一些程序的操作，如图8-19所示。

图 8-19　智能机器人 siri 的界面

那么销售人员在推销产品的过程中就一定要提到产品容易操作、容易上手的优点，以此来塑造产品本身的价值，让顾客侧目。

3. 安全性能

安全对于商品、特别是电子商品来说，是一个非常基本的评价标准。安全是基础，也是最重要的部分。换句话来说，这就要求商家所售卖的商品不能对购买者造成任何伤害。相反，如果商家可以保证产品对人体本身不会造成任何伤害，那么商品的成交率就会大大提高。

【营销案例】

拿减肥药举例子。如果商家在向顾客推销过程中仔细介绍药品成分，向他们展示所有原料全部是来源于无毒的食品和中草药成分,对身体的副作用少,并且是经国家药监局批准的药品,自然可以吸引别人来购买,如图8-20所示。

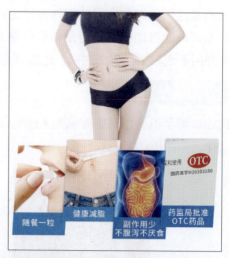

图8-20 减肥药的广告

商户在一对一介绍商品,抑或是在朋友圈发送商品广告时,都应该尽量从以上三个方面出发,运用好塑造商品价值的思路。这样一定会为商品的推销带来好处,不断提高产品的销售量。

8.3 3种方式,促进微商营销力度与销量

在微商的所有营销案例中,通过活动进行营销是必不可少的方式,它能有效刺激消费者的消费行为,提高产品的销售人气。本节主要介绍通过一系列微商活动进行产品营销的方法和技巧。

8.3.1 折扣活动,限时下单享受更实惠的价格

折扣促销又称打折促销,是在特定的时期或是举行活动时,对商品的价格进行让利,得到用户的关注,达到促销的效果,赚取更多利益。折扣促销是有利有弊的,它的作用机制以及效应具有两面性,如图8-21所示。

折扣促销有优势,又存在缺陷,因此要做好折扣促销的策划,如图8-22所示。

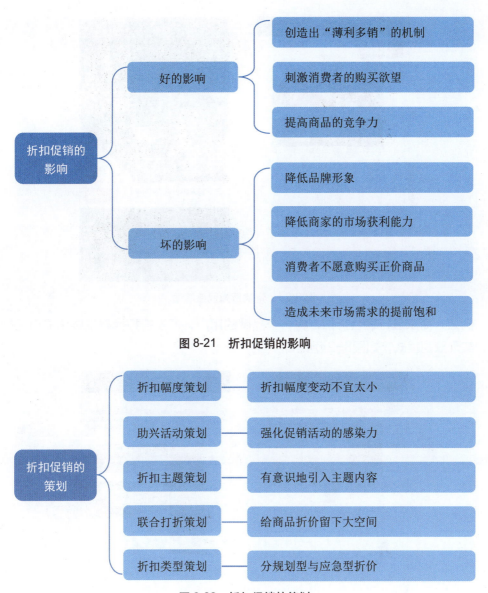

图 8-21 折扣促销的影响

图 8-22 折扣促销的策划

【营销案例】

折扣促销是微信朋友圈里比较普遍的销售模式,在一定的时间段内,对商品进行打折处理,最好使用限时打折,能够引起好友的好奇心和注意,效果会更好。

例如,朋友圈的音响8折优惠活动,很受消费者喜爱,如图8-23所示。

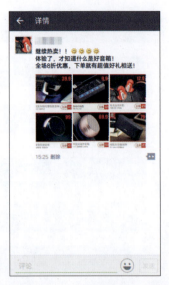

图 8-23 音响折扣优惠活动

例如,商家进行联合折扣,将一个品牌的用户,通过折扣优惠来转化成自己的用户,实现双赢模式,如图8-24所示。

图 8-24 联合折扣

8.3.2 促销活动,能迅速提升品牌的宣传效果

现在的微商竞争尤为激烈,在众多的同行竞争中如何才能立于不败之地呢?当然

要靠新老顾客的不断支持带动产品销售额，那么怎样才能促进我们的销售额呢？下面以奖励促销、满减促销、积赞促销的方式，介绍微商促销活动的营销技巧。

1．奖励促销

奖励促销就是指我们在进行一场促销活动的时候能够给受众一些好处，例如二次消费回扣、满减、抽奖等，其意义就是让消费者觉得自己赚了。

【营销案例】

图8-25所示为一家餐厅的抽奖活动海报，利用"0"元抽奖的噱头吸引消费者前来消费。

图 8-25　餐厅抽奖活动案例

2．满减促销

满减促销是指消费者在店里消费的金额达到指定的额度时，可以享受相应的折扣或优惠，比如满多少减多少活动。

【营销案例】

图8-26所示为餐饮类微商举办的满减促销活动，这里有值得我们学习的地方，比如满28减5、满58减10、减88减14，满减幅度都比较大，能很好地刺激消费。虽然消费者到最后并没有真的省那么多钱，却总能让消费者动心，这就是促销活动最大的魅力所在。

图 8-26　饿了么商家满减活动

3．集赞促销

集赞促销方式主要体现在微信朋友圈里，消费者通过转发商家的促销活动信息，获得相应的朋友圈点赞数量，从而得到商家相应的促销优惠福利。商家通过这种方式也能获得不错的品牌宣传效果。

【营销案例】

我们来看看朋友圈里的微商具体是怎么进行集赞促销的，如图8-27所示。

图 8-27　微商集赞促销活动案例

8.3.3 节日活动，打造节日优惠、折扣福利

节日促销是指通过传统节日的良好氛围来制造微商的营销商机，如图8-28所示。

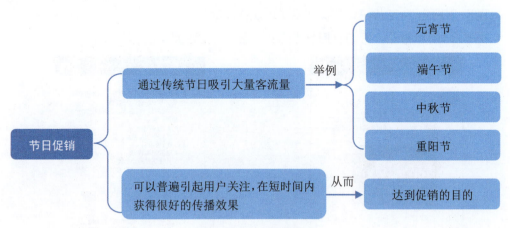

图 8-28 节日促销简介

在节日促销的运营过程中，有一个重要的前提，那就是微信朋友圈的客户管理机制，如图8-29所示。

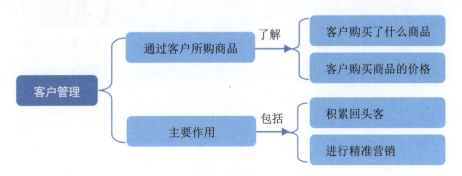

图 8-29 微信朋友圈营销的客户管理

完成了客户管理，企业或商家可以通过会员制来进行具体的圈粉行动。会员也是用时间积累下来的，会员越多生意就越旺。节日促销就是一个很好的计划，可以用来圈粉积累会员。随着生意的不断壮大，可以针对会员进行节日营销，让会员享受到更多的优质服务。

【营销案例】

节日促销能够带来很多的流量，可以利用这个机会将普通好友转化为会员，这样在淡季的时候，也会有会员能够带来销售额。

图8-30所示为三八妇女节买产品送玫瑰花活动。

图8-31所示为五一劳动节拍艺术照买一套送一套活动。

图 8-30　三八妇女节微商活动

图 8-31　五一劳动节微商活动

第 9 章

社群建设：如何通过社群营销月入上万

学前提示

移动互联网的发展促进了人与人之间交流方式的改变，社群营销在新媒体时代成为营销要点。微信是一个流量居多的社交平台，在微信里想要聚集一个社群，只要方法得当，定能营造出一个活跃的社群。本章主要介绍微商们如何通过社群营销月入上万的方法。

要点展示

▶ 如何创建微商社群
▶ 7大技巧，运营社群让粉丝上万
▶ 4种方法，让社群营销月入上万

9.1 如何创建微商社群

微信群是比较私密的，群的概念比较内敛。在好几年前，微信群更多的是一些好朋友、小圈子，人数不多。而现在很多微商、网红、自明星们都会建立自己的微信群，来维护与粉丝的关系。通过在微信群中不断地交流，可以拉近与顾客、粉丝之间的感情与距离。微信群有一个非常大的特点——"免费"，且不说运营群的方面，单单建群，就无须花费什么费用，只要微信里有朋友，都能免费建群。

9.1.1 建立微信群的具体步骤

对社群营销来说，微信就是一个社群载体，也许并不是每一个微信群都是社群，不是每一个公众号都在运用社群营销，但总有那么一两个在微信这个大的社交圈子里，将社群营销做得风生水起。

【操作过程】

下面以发起群聊创建为例，介绍微信群的创建，具体步骤如下。

打开微信，❶点击微信界面右上角的"+"图标，❷点击"发起群聊"按钮，如图9-1所示。❸进入"发起群聊"界面，勾选想要添加到群里的好友；❹点击"确定"按钮，如图9-2所示。至此微信群创建成功，用户就可以通过该微信群进行图文等资料的发送和群成员聊天了。

图9-1 点击"发起群聊"按钮

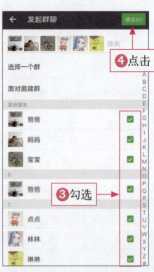

图9-2 点击"确定"按钮

9.1.2 通过群二维码扫码入群

如果微商、网红们已经创建了微信群,然而需要加入新成员到该社群的话,可以分享群二维码图片,让有意向的客户主动加入社群。

【操作过程】

打开微信群聊天窗口,点击右上角的"群组"按钮,进入"聊天信息"界面,点击"群二维码"选项,如图9-3所示;进入"群二维码名片"界面,在其中显示了微信群的二维码信息,如图9-4所示。将此图通过截屏的方式存储下来,然后发送给其他顾客或粉丝,新成员通过微信扫描二维码,即可加入微信社群。

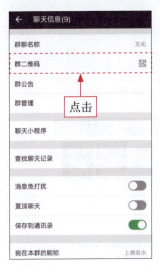

图 9-3　点击"群二维码"选项

图 9-4　微信群的二维码

【专家提醒】

企业可以通过加入一些比较火爆的微信群,或是兴趣爱好比较集中的微信群,进行社群营销,这样的群比较成熟,并且群成员的质量比较高,只要能吸引到他们中的一个人,都会有一个不错的传播效应。当然,企业在加入一些火爆的微信群时,可能需要付费才能进入,这也是一种营销方式,通过其他群对本群进行导流。

9.1.3　对群二维码进行分享与导流

在信息传播方面,微信群有不可小觑的威力。比如,一个经营着淘宝店的商家可以通过微信群定向发布自家产品的最新信息。

由于消息是主动推送给群组成员的，因此达到率和打开率都要高于朋友圈，后者容易错过消息。那么，微信群如何进行推广呢？才不会让社群成员感到厌烦。

（1）通过微信公众号向微信群导入。

企业可以建立一个与微信群主题相关的公众号，名字起得吸引人点，这样才能引起人们的注意力。另外，公众平台每天需要一定的时间进行内容维护和推送，在推送的内容中添加微信群的信息，这样就会有一定量的人会主动扫二维码，或添加群主微信好友申请进群，这样企业就能获得更多的社群用户。

（2）人脉资源推广。

企业可以利用自身的人脉资源来推广微信群，让好友帮助进行宣传拉人。

（3）广告合作。

企业可以通过互换广告位的方式，在其他网站发布微信群二维码进行推广。

【营销案例】

如图9-5所示为微商、网红们通过公众号宣传微信社群的案例。

图9-5　微商、网红们通过公众号宣传微信社群的案例

在推广微信群的过程中，商家还需要注意以下几个问题。

- 由于微信群的名称所有群成员都可以修改，因此最好每天查看是否被修改。遇到不是在聊群主题的用户，可以进行私聊引导，以免骚扰到其他用户，导致退群。
- 由于手机管理微信群操作不便，商家可利用微信网页版对群进行管理。
- 通过群发邮件然后添加好友的方法，发送50个邮箱以后建议换号发布，以免出现对方收不到邀请信息的现象。
- 群建立初期,每天不宜一次性发布大量内容,可选适当时间发布几条,以免成员退群。
- 积极与群内活跃成员沟通,使其帮你一起发布内容,带动其他会员参与。

社群一开始寻找社群成员,可能需要企业邀请自己的朋友、忠实客户、品牌粉丝、朋友的朋友来帮助企业撑场面,等有了一定数量的社群人数,即可慢慢去其他社交平台上添加新成员,社交平台如图9-6所示。

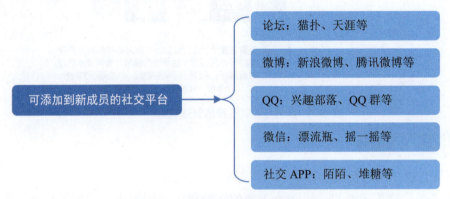

图 9-6　可添加到新成员的社交平台

9.2　7大技巧,运营社群让粉丝上万

如今不少的微信社群,已经成为消费者搜索产品、品牌,进行互动交流的重要场所。微信群组功能,是可以实现一对多的沟通,使企业建立一个接近消费者心声的一个重要场所。本节主要介绍运营微信社群的7大技巧,让社群粉丝暴涨。

9.2.1　建立社群的管理规则

随着时代的变迁,我们经常会加入各种各样的社群,也会将自己圈子的人聚集在一起,建立自己的社群,这为传统企业进入社群营销提供了一个新的自然切口。社群一旦形成,成员之间会互相介绍、推荐好友加入。

建立了微信群之后,一定要建立社群管理规则,无规矩不成方圆,毕竟我们创建微信社群最终的目的是进行更好的营销。作为群主的微商、网红们,需要写一些内容对进群的朋友们表示欢迎,并同时明确表示这个群的相关管理规则,如不能在群中发广告信息、发与群无关的营销信息等,可以委婉地融入一些管理规则内容。

【营销案例】

图9-7所示为微信与QQ社群的管理规则，群介绍中简单说明了本群的类型、相关规则，以及本群所讨论的内容，而且最后说明了本群严禁广告。

图 9-7 微信与 QQ 社群的管理规则

【操作过程】

下面介绍在微信朋友圈中建立社群规则的操作方法。

打开微信群聊天窗口，点击右上角的"群组"按钮，进入"聊天信息"界面，❶点击"群公告"选项，如图9-8所示，进入"群公告"界面；❷在上方文本框中输入相应的群公告内容，如图9-9所示；❸点击"完成"按钮，即可保存群公告信息。

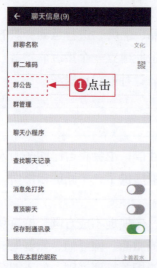

图 9-8 点击"群公告"选项

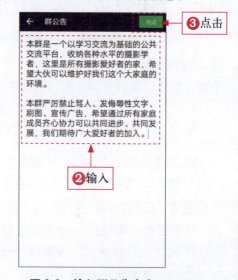

图 9-9 输入群公告内容

9.2.2 新人进群有迎新仪式

仪式感是人们表达内心情感最直接的方式，比如情人节和爱人一起吃一顿幸福的晚餐，母亲节给妈妈精心准备一份礼物，又或者公司进新员工举行欢迎仪式，这些都是仪式感。微信群是小型社群，也应该有新人进群的迎新仪式，表示对新成员的欢迎和重视，让新成员有存在感。

【营销案例】

图9-10所示为新人进群后，群主在群里发送的新成员个人简历，表示对新成员的欢迎，老成员从个人简历中通过对新成员资料的了解，找到共同话题，也可以深入交流，建立感情基础。简历中放了新成员的个人微信号，是希望会员与会员之前深入地交流，发挥社群的最大价值。

图 9-10　群主在群里发送的新成员个人简历

9.2.3 发个人照增加活跃性

社群里面进新成员的时候，爆出新成员的个人照，能让严肃、安静的社群瞬间活跃起来，也能增加社群会员之间的相互了解、认识。如果进群的新成员是帅哥或者美女，那影响力就更大了，社群的活跃度瞬间会提高N倍。

【营销案例】

图9-11所示为群主发送的新成员照片，帅哥一枚，既有能力又有很强的摄影专业

功底,瞬间引爆社群成员。

图 9-11　群主发送的新成员照片

9.2.4　举行有意义的线下聚会

一些网红或微商们,总是抱着过于乐观的心态,不切实际地认为只要在社群里将社群成员聚集起来,弄一次户外活动,就能将产品大量卖出,那是不可能的。这样做只能让自己陷入不好的境况,会使得社群成员远离产品,使他们主动撤离社群。

因此,微商、网红们需要坚持社群的运营,多推出一些活动、多与社群成员建立感情基础,这样才能赢得忠实的粉丝用户。微商在决定进行社群营销之前,就应该做好长期战略的准备,而不是哗众取宠、一瞬而逝的炒作手段,这样才能使社群营销发挥真正的作用。

企业在社群营销开展之前,还需要想清楚建立社群的目的。一般来说企业进行社群营销具有3个常用目的:第一直接提升销售额;第二宣传推广微商产品;第三提高品牌知识度。当然这些目的都可以兼顾,可是微商需要将兼顾的目的分出主次,只有明确了目的性,才能制定有针对性的线下活动方案,让活动不偏离之前微商所定的规划,让活动执行变得有效,使社群营销的效果最大化。

社群营销的目的并不是空想的,而是根据企业产品特性和企业的战略规划来进行选定的。企业只有明确目的后,才能集中资源进行相应的线下活动,避免花费无谓的时间和造成资源上的浪费。

【营销案例】

微商刚刚开展社群营销时，一定要维护好社群里的气氛，千万不能让社群变成一个"死群"，最好能让社群成员主动聊天。如果群员能主动调动社群气氛，这样微商会省事不少。那么问题来了，该如何让成员主动调动社群气氛呢？其实很简单，微商通过展开一些活动，让社群成员有一个共同的话题即可。

例如，小米就是利用"同城会"活动，使得社群成员在社群中能聊到一起出游的事情，也能增进社群成员彼此之间的感情，让他们彼此了解与熟悉。一旦社群成员对企业产品有很高的诉求之后，也会经常在社群里交流小米手机的相关信息。

总之，企业需要通过制造社群气氛，对社群成员适当地进行引导，使得社群气氛以传染、持续的气焰游走在整个社群中，避免出现忽冷忽热的情况，这样才能使得社群成员的质量得到有效的提高，也会使得社群成员的忠实度越来越高。

9.2.5 制造用户喜欢的内容

在社群电商中为了留住用户，制造用户喜闻乐见的内容是必不可少的。很多微商认为内容的制造只是简单地向用户提供文本、图文、音频、视频等形式的信息就好了。实际上，在社群电商中，吸引用户的前提条件是让用户来创造和分享内容。因为只有这样的内容才能满足用户需求，并提升用户的活跃度，促使用户成为社群电商的目标用户。

对微商而言，不同类型的内容价值也不同。例如，用户提供了评论产品的内容，微商就可以从中吸取精华，用在产品改善上；用户是提供娱乐类的内容，微商就可以记住内容中的特点，查找相关内容，并发到社群中去，引起社群用户的注意。

微商在社群电商中，发布内容时需要从三个方面进行考虑，具体内容如图9-12所示。

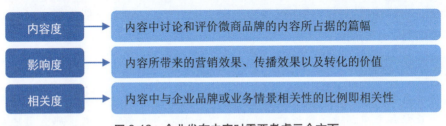

图 9-12 企业发布内容时需要考虑三个方面

【专家提醒】

在社群电商中，内容是需要有标签的，而标签就是一种标注内容的属性、关键词的工具。微商通过标签可以进行过滤、聚合和快速找到用户所需要的内容，从而提高用户查找内容的效率。

9.2.6　培养自己的铁杆粉丝

微商、自明星们可以通过制订详细的粉丝计划来大力培养自己的铁杆粉丝，树立相同的观念，最终打造成拥有铁杆粉丝的社群电商平台。自明星在"培养铁粉丝"的过程中，可以从以下两个方面出发，一步一步地进行铁杆粉丝的培养计划。

（1）聆听用户的心声、与用户互动、耐心与用户对话。只有这样粉丝才能感受到被尊重的感觉，提升用户体验。例如，荷兰航空公司跟踪在机场签到的粉丝乘客，在登机的时候给顾客送上一份个性化的礼物，从而彰显出荷兰航空公司一直关心它的乘客，让乘客有好的体验。

（2）从粉丝需求出发，通过奖励来提升粉丝的活跃度。分析粉丝的需求、制订好奖励计划，送上用户需求的礼品，这样能大大地增加粉丝的体验，进一步巩固粉丝的留存率。

【专家提醒】

"培养铁杆粉丝"的两个方面，都是以粉丝体验为目的，让粉丝拥有一个好的体验才能触动粉丝的内心，促使粉丝心甘情愿地留在社群电商中，成为社群电商运作的一分子，抓好粉丝的忠诚度。

9.2.7　注重质量产生好口碑

在社群电商中，微商们想要运营好微信社群，就需要使用一些小窍门，比如赠送优惠的礼品，用户之间的口碑推荐等来打响企业品牌，为品牌树立良好形象。

在社群电商中，口碑的打造是需要粉丝的努力的，主要是在粉丝认可产品、品牌的基础上，心甘情愿地推荐给自己身边的人，从而形成口碑。一般来说，形成口碑的途径主要如图9-13所示。

【专家提醒】

赠送礼品是树立产品口碑的较好途径，因为用户很多时候在乎的是实际的利益。如果电商在社群之中营造了赠送礼品、优惠券、折扣等良好的氛围，那么用户自然而然也就会主动帮忙宣传口碑，传播品牌。

不管怎样，只要粉丝愿意主动生产口碑，自觉地把产品介绍给身边的亲朋好友，对产品和品牌进行宣传和推广，那么对用户的争取定然是成功的，同时还为社群电商成功地进行了有效传播。

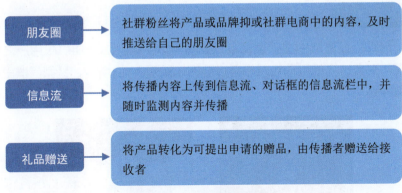

图 9-13 形成口碑的途径

9.3 4 种方法，让社群营销月入上万

社群营销并不是简简单单建立一个群就能进行成功的营销活动，而是需要掌握社群营销的关键点，才可以慢慢将社群营销雏形变成熟。

9.3.1 微社群的红包营销技巧

发红包，对人们来说是一种喜庆的事情，比如某些节日长辈会给小辈发红包，或者是老板发红包给员工表示鼓励，抑或是结婚时发红包活跃气氛讨个好彩头等。随着社会文明的演变，发红包开始结合在互联网上，发红包的内容也越来越丰富。

"发红包"已经变成了"抢红包"，而微信群也成为"抢红包"的好场所，也因为微信的便捷性，更多的社群成员希望参加进来，从而能在自己所在的社群中享受"抢红包"的乐趣。如今，红包已经成为企业利用互联网吸引用户、进行营销的普遍手段。虽然微信不再独占鳌头，却不失当年的风采，吸引着企业利用微信红包来活跃社群的气氛。微商、自明星们也可以通过微信红包来进行产品的营销。

【专家提醒】

如果想要在社群运营中更加充分地利用"抢红包"这一活跃气氛的手段，还要注意以下几个方面的问题。

(1) 让用户尽可能成功地抢到红包。
(2) 发红包要一气呵成，不要让用户左等右等，最后丧失耐心。
(3) 发红包要有金额限制，以免损失利润。

【营销案例】

微商、网红们在社群中发一发红包,金额可以不大,这样能引起用户之间"抢红包"的兴趣,那么这样的互动绝对是有必要的。如图9-14所示,是微信群里面的抢红包、拆红包界面。

图 9-14　在群里抢红包

9.3.2　扩展人气塑造个人品牌

微商们通过朋友圈这个社交平台进行社群营销时,需要注意5个方面的问题:一是有自己的独特观点;二是把产品信息介绍详尽;三是要学会互动;四是要学会分享干货;五是要传递正能量,树立好口碑。

【营销案例】

例如,致力于打造美食的微商可以通过微信朋友圈发布一些关于美食的疗效,或者是配上带有文艺气息的文案,就能有效吸引用户的注意力,从而增加用户黏度,打响企业品牌。如图9-15所示为在朋友圈分享美食的信息,图文结合有吸引力。

图 9-15　朋友圈美食分享

9.3.3 运用团队进行社群营销

微商们通过微信社群进行产品营销时，需要运用团队的力量，也就是微商在群里发布产品信息时，一定要有自己人捧场、炒人气、做宣传，把社群闹腾起来、活跃群内的气氛，让大家对你的产品感兴趣，从而让顾客产生购买行为。

【营销案例】

图9-16所示为微商发布了相关图书产品后，接下来有微商团队内部人员在下方评论，引爆社群气氛，使大家对发布的产品感兴趣。

图 9-16　运用团队进行社群营销

9.3.4 微信群的营销与管理

微信社群需要运营者悉心管理，才能产生好的营销效果。下面就来了解一下社群营销在微信群里的运营方式。

1．内容运营

针对群的定位每天发布固定内容1～5条，以微信打折购物群为例：每天发布3条，内容以特价商品为主。

2．活动运营

用户可以在群里与有共同兴趣爱好或话题的人畅聊，每天可找热点话题讨论；可定期开展讲笑话、猜谜语、智力问答等小游戏；可配合官方活动同步开展微信活动。

3. 会员运营

积极与群内活跃成员沟通，使其帮着一起发布内容，带动其他会员参与；设立类似群主的职位，让其在微商不在的情况下帮忙维持群内秩序。

4. 微信群矩阵

建立多个微信群和公众号，互相推广，使粉丝利用最大化，要努力让自己的社群成员主动变成微商的推广专员。

【营销案例】

图9-17所示为微信打折购物群信息，以发布特价商品为主。

最近有一部电影上映，反响还不错，名为《后来的我们》，这位微商通过引用这部电影的剧情，以及通过电影给我们的建议，从而对产品进行推广和宣传，如图9-18所示，即是通过热点话题营销产品。

图9-17 微信打折购物群信息

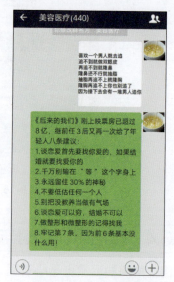

图9-18 通过热点话题营销产品

第 10 章

团队作战：扩大微商团队批量产生价值

学前提示

团队微商是个人微商发展到一定阶段后的一个微商种类。团队微商是指个人微商经过一段时间的积累，慢慢有了自己的产品代理，团队逐渐从个人壮大到几个人、十几个人或者几十个人。本章主要介绍扩大微商团队、吸引新成员加入微商团队的相关内容。

要点展示

▶ 5 大要点，建立微商团队
▶ 3 种方式，打造优质的分销团队
▶ 6 种方法，吸引新成员加入微商团队

10.1　5大要点，建立微商团队

建立微商团队后，相对于个人微商已经有了自己产品市场、客户资源以及经营理念和模式，后期经营也主要以培养、维护代理以及为客户提供更好的服务为主。在前期建立微商团队的阶段，我们需要注意5大要点，本节进行相关介绍。

10.1.1　个体微商发展遇到瓶颈

现在的朋友圈随处可见微商，当个体微商逐渐将身边的熟人业务做完后，如果产品质量并不是特别突出、性价比不高的话，很难再拓展新人脉、新业务。此时的微商做到一定阶段后，就会出现各种各样的问题，进而阻碍微商的发展。

下面以图解的形式介绍几种个体微商发展过程中遇到的问题，如图10-1所示。

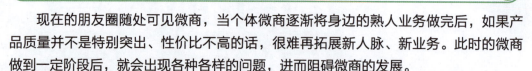

图 10-1　个体微商发展遇到的瓶颈问题

当我们个体微商遇到以上瓶颈问题时，需要静下心来想办法，如何突破现在的状态。微商的本质，是个人的影响力，当影响力足够大时，就能突破个体微商的销售瓶颈，微商的粉丝数量与质量对于销售规模起着决定性作用。

商家只负责包装产品，而微商要学会包装自己，把自己包装成意见领袖、包装成微商大咖、包装成网红自明星。这样你的粉丝数量逐渐增多了，下面的代理商也会慢慢增多。建立好自己的微商团队，通过团队来抱团营销，才是上上之策。

10.1.2　团队微商优势日渐凸显

中国有句老话叫：三个臭皮匠胜过一个诸葛亮。所谓的团队精神就是指三个臭皮匠只要齐心协力也能赢过一个诸葛亮，这说明了团队协作的重要性。

成功的人都懂得利用团队优势来帮助自己更好地营销。2016年是微商元年,那时候我们经常听说做微商能轻轻松松月入上万,很羡慕他们既轻松又自由的工作方式,而有的人一天就能创造1682个亿的销售纪录,他就是马云,2017年双11的交易额以1682亿元收官。马云与我们唯一的区别,就是他有一支强大的队伍,他利用整个团队来营销,通过别人来完成自己没有时间完成的事情,这就是团队的优势。

下面以图解的形式介绍建立微商团队的3大优势,如图10-2所示。

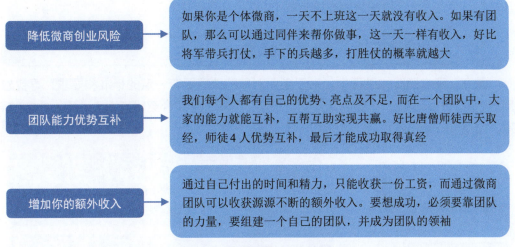

图 10-2　建立团队的 3 大优势

现在很多微商都在包装自己,培养自己的微商团队。团队的力量是伟大的,不管任务多么艰巨,只要团队成员共同努力,就有意想不到的收获,如图10-3所示。

图 10-3　团队的力量

10.1.3 建立微商团队的核心要素

我们要想建立一个强大的微商团队,团队领导人要有一定的胸襟,足够宽广,能海纳百川,能容得下各种优秀的人才,要敢用优秀的人才。有句话古话说"心有多大,舞台就有多大",在创建微商团队的过程中,每个人都有他的优势和独特能力,不要排斥任何人,要学会用人,将各人的优势能力互补,才能使团队更加强大。

所以,我们虽然是在建立微商团队,其核心要素是经营我们自己,将自己变得更加优秀、更加强大,这样才能支撑起整个。

10.1.4 微商选人、用人的标准

微商在建立团队的过程中,对于创业对象的选择要有一定的标准和要求,寻找志同道合的人一起创业,才更容易成功。下面以图解的形式介绍微商选人、用人的4个标准,如图10-4所示。

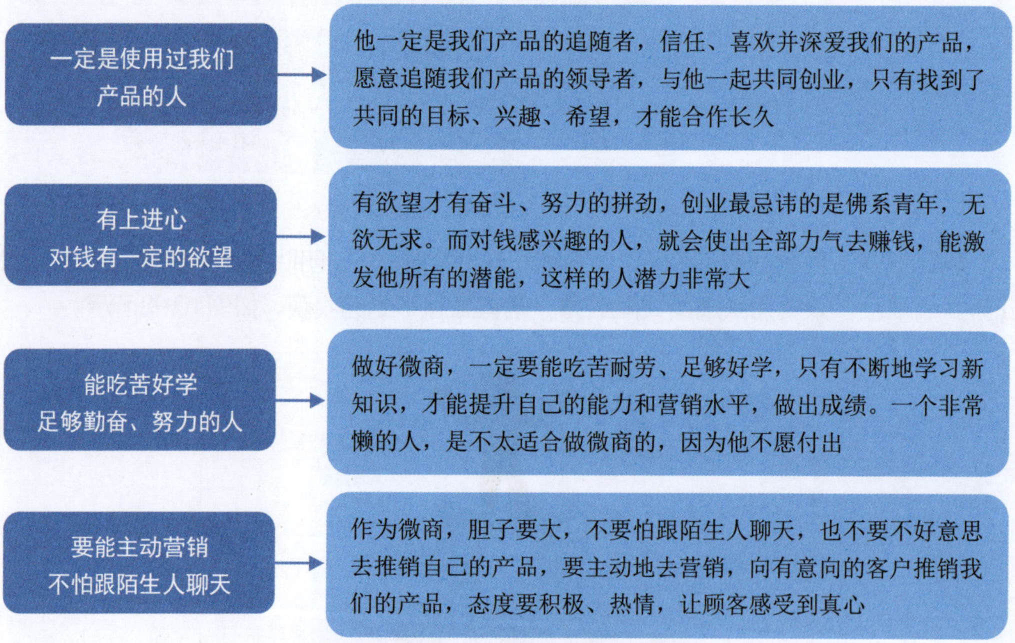

一定是使用过我们产品的人	→	他一定是我们产品的追随者,信任、喜欢并深爱我们的产品,愿意追随我们产品的领导者,与他一起共同创业,只有找到了共同的目标、兴趣、希望,才能合作长久
有上进心 对钱有一定的欲望	→	有欲望才有奋斗、努力的拼劲,创业最忌讳的是佛系青年,无欲无求。而对钱感兴趣的人,就会使出全部力气去赚钱,能激发他所有的潜能,这样的人潜力非常大
能吃苦好学 足够勤奋、努力的人	→	做好微商,一定要能吃苦耐劳、足够好学,只有不断地学习新知识,才能提升自己的能力和营销水平,做出成绩。一个非常懒的人,是不太适合做微商的,因为他不愿付出
要能主动营销 不怕跟陌生人聊天	→	作为微商,胆子要大,不要怕跟陌生人聊天,也不要不好意思去推销自己的产品,要主动地去营销,向有意向的客户推销我们的产品,态度要积极、热情,让顾客感受到真心

图10-4 微商选人、用人的4个标准

10.1.5 招代理商的方法与渠道

不管你是提供货源的厂商还是某产品的高级代理商,在招收代理之前都需要吸引

客户来购买产品,至少是让客户觉得这个产品很不错,有想法做代理。

产品销售的前提必须是自己了解产品。假如你是这个产品的总代理,你要想吸引客户的注意,你除了介绍产品,还要向客户展示你也在使用产品,如图10-5所示。这样看起来更有说服力,且有客户来问问题,因为你自己用过也就能够对答如流了。

图 10-5 向客户展示你也在使用产品

微商需要根据自己的实际情况,把其他能够利用的平台都利用起来,如图10-6所示。

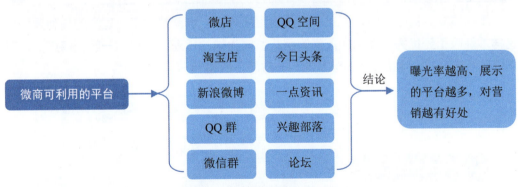

图 10-6 其他能够利用的平台

现在很多微商都没有自己拍摄实拍图。很多代理的图片都是总代或者上级提供的,不仅清晰度不够好,也显得不真实,实拍图的感觉要更好。图10-7所示为某微商实拍的高清产品图片。

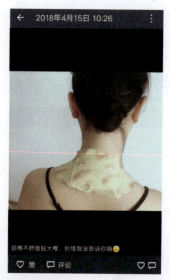

图 10-7 微商产品实拍图

10.2　3种方式，打造优质的分销团队

采用分销模式的微商，具有投入少、效率高的特点，更具适用性和普遍性。本节主要介绍3种方式打造优质微商分销团队的方法。

10.2.1　建立优质的招商政策

微商建立分销团队时，要建立优质的招商政策，也就是对于代理商的福利要好，这样才能吸引到优秀的微商加入你的团队，成为你的代理商，帮你一起销售产品。下面以图解的形式介绍招商政策涉及的相关方面，如图10-8所示。

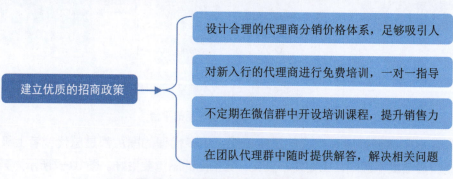

图 10-8　招商政策涉及的相关方面

10.2.2 设计合理的分销价格体系

微商团队领袖应该设计合理的分销价格体系,包括一级代理商、二级代理商、三级代理商的首批货款、保证金、折扣等价格体系,层层设计要合理。

如图10-9所示,为某微商品牌的分销价格体系。

层级		一级代理商	二级代理商	三级代理商	一件代发
首批货款		10000元	5000元	2000元	0
保证金		500元	500元	500元	500元
供货折扣	JGTX2014-A	5.3折	5.5折	5.8折	6.5折
	JGTX2014-B	6折	6.3折	6.5折	7折
分销权利		可向下级分销	可向下级分销	可向下级分销	不可向下级分销

备注:保证金的用途:
1、避免低价销售和放货,保证销售价格的稳定性;
2、保证各代理之间不串货;
3、代理商终止合作的,合同期结束后15个工作日内退还保证金。

图10-9 某微商品牌的分销价格体系

10.2.3 设计一、二、三级分销系统

一、二、三级分销体系是指一级代理商、二级代理商、三级代理商的具体层级划分,以及分级的设计,针对每一级代理商要有具体的要求和绩效考核方案,设定好年销售任务量等。如图10-10所示,为某微商品牌设计的一、二、三级分销系统。

按层级设置划分

一级代理商
----从事微店销售渠道的个人都可代理,无区域限制,一年一签,每年考核;----首批进货款达到1万元以上,新产品6折供货,老产品5.3折供货;----履约保证金500元;
----年销售任务6万元(按其所发展的代理商包括其自身在内的所有分销商年度回款总额计算);
----可发展下级代理商进行分销,但应将分销信息向厂家备案并取得授权经营证书;
----有义务协助厂家对其名下的分销代理商进行销售管理和服务;
----专享其名下所有分销商的年销总额(按回款额计算)8%的年度特别返点.

二级代理商
----从事微店销售渠道的个人都可代理,无区域限制,一年一签,每年考核;
----首批进货款达到5000元以上,新产品6.3折供货,老产品5.5折供货;
----履约保证金500元;
----年销售任务4万元(按其所发展的代理商包括其自身在内的所有分销商年度回款总额计算);
----可发展下级代理商进行分销,但应将分销信息向厂家备案并取得授权经营证书;
----有义务协助厂家对其名下的分销代理商进行销售管理和服务;
----专享其名下所有分销商的年销总额(按回款额计算)6%的年度特别返点;

图10-10 某微商品牌设计的一、二、三级分销系统

> ——专享其名下所有分销商的年销总额（按回款额计算）6%的年度特别返点；
>
> **三级代理商**
> ——从事微店销售渠道的个人都可代理，无区域限制，一年一签，每年考核；
> ——首批进货款达到2000元及以上，新产品6.5折供货，老产品5.8折供货；
> ——履约保证金500元；
> ——年销售任务2万元（按其所发展的代理商包括其自身在内的所有分销商年度回款总额计算）；
> ——可发展下级代理商进行分销，但应将分销商信息向厂家备案并取得授权经营证书；
> ——有义务协助厂家对其名下的分销代理商进行销售管理和服务；
> ——专享其名下所有分销商的年销总额（按回款额计算）3%的年度特别返点；
>
> **一件代发**
> ——从事微店销售渠道的个人都可代理，无区域限制，可以一件代发；
> ——拿货折扣：新产品7折供货，老产品6.5折供货；
> ——履约保证金500元；
> ——不可分销。

图 10-10　某微商品牌设计的一、二、三级分销系统（续）

10.3　6种方法，吸引新成员加入微商团队

很多微商遇到发展瓶颈做不下去的原因，就是败在团队建设上。这已经不是一个单打独斗的时代，我们需要抱团才能成功。本节主要介绍6种吸引新成员加入微商团队的方法，希望微商们仔细阅读、熟练掌握。

10.3.1　利益吸引法，和你谈所得

有些人在工作中遇到不顺的事情就喜欢抱怨，当人抱怨的时候，情绪处于不稳定、不理智的状态，这时候的个人决定往往最容易受到外界的影响。

【营销案例】

例如，有一位想做微商代理的白领，迟迟没有决定是否加入你的微商团队，原因是她目前自己有一份稳定的工作，只是平常工作太辛苦，而且领导脾气不好，经常动不动就骂人。这次，她又跟你抱怨了，说领导给她安排了很多工作，正常工作时间根本无法完成，导致她每天晚上加班很晚才能回家，她说心累。

这个时候，你要用微商的利益去吸引她，告诉她以她目前的付出与收入是完全不成正比的，领导这样压榨她的工作时间，命太苦了。这样辛苦努力的付出，如果是在微商行业的话，至少都月入上万了，而且从事微商工作的时间非常自由，又不用受领导的气。每天早上还不用准点打卡、考勤，微商是自己给自己创业，自己做老板。

这个时候，如果对方有辞职的冲动和想法，那你的交谈就成功一半了。但对方可能会说，自己又不熟悉微商行业，怎么通过微商赚钱呢？这个时候，你就说你们对刚入行的微商会有定期的培训，会教很多的营销技巧，会告诉她如何更好地营销产品、与客户交流，你们是团队销售，身后有一支庞大的队伍，共同进步的。

接下来，你将她目前工作中不好的地方全部指出来，比如工资低、涨薪慢、经常加班、上升空间有限、福利又不好、还要受领导的气。再拿微商的优势来说，比如做微商工作时间自由、可以随时在家照顾孩子、工作日也能逛街买买买、只要努力收入上不封顶，还能随时和家人出去旅游等。用这样的利益和所得，来吸引她，对方自然会受不了诱惑，立马加入你的微商团队。

如图10-11所示，为某微商与意向代理的聊天记录，吸引她加入自己的微商团队。

图 10-11　某微商与意向代理的聊天记录

10.3.2　创业梦想法，和你谈事业

一般成功人士演讲的时候，都喜欢谈梦想，用梦想来吸引大家加入自己的团队。马云每次上台演讲的时候，谈得最多的也是梦想。每次演讲完后，总会吸引很大一部分的人加入他的阿里团队，和他一起创业。

【营销案例】

例如，在吸引新成员加入你的微商团队时，你可以挖掘对方的需求，他有什么样的梦想，用梦想来刺激他的行为。以梦想为设问的聊天逻辑如图10-12所示。

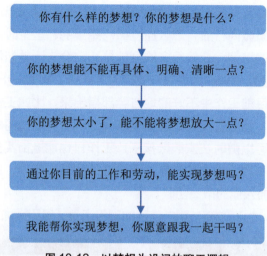

图 10-12　以梦想为设问的聊天逻辑

如图 10-12 所示的聊天逻辑,以下展示相关聊天案例:

你问对方:"你的梦想是什么?"

对方回答:"我想买一辆车。"

你继续问:"你想买一辆什么类型的车?价位在多少的?什么品牌的?能不能再具体、清晰一点?"

对方回答:"我想买一辆越野的宝马,价位在100万左右,我想开车带上爱人实现自助游。"

你继续问:"你的梦想能不能再放大一点,梦想还是要有的,万一实现了呢?"

对方回答:"那我还想买一套房子,装修成自己喜欢的模样。"

你继续问:"那以你目前的收入和劳动所得,能实现你的梦想吗?"

对方经过仔细一算,回答:"实现很难。"

你继续说:"跟着我一起干、一起创业,我能帮你实现你的梦想,你愿意吗?"

此时,你可以以团队其他成员为例,他们跟着你干,都已经买房买车了,用成品案例来吸引对方加入你的团队。如果你也是刚刚起步的微商创业者,那么可以以品牌的创始人为案例,讲讲他是如何成功的,只要故事是真实的,就一定能吸引人。

10.3.3　未来规划法,和你谈前程

谁都想当老板,谁都想拥有一个美好的未来,谁都想有一份不错的事业。那么,以你目前的工作状态,可以实现你的远大前程吗?

此时,你可以按以下逻辑和思维,和他谈谈未来和前程。

如果对方是公务员,虽然工作稳定,但是上升空间很小,涨薪幅度不大。

如果对方是企业白领,如果自身能力不是特别优秀,现在能干的人那么多,她如何能够脱颖而出成为领导?

如果对方开了一家小店,如何能顺利开展自己的副业,1天时间赚双份的薪金。

如果对方是刚毕业的学生,如何能快速地自食其力不用再依靠父母的补给生活?

如果对方是带孩子的宝妈,如何通过自己的努力,成就一番事业,让老公对自己刮目相看?

告诉他们,做商业就可以实现你的远大前程!微商等于自己创业,自己当老板,只要自己足够努力,收入上不封顶,做得好的微商比比皆是。

10.3.4　现状对比法,和你谈好处

发展传统实体店的老板做微商代理是最佳的选择。为什么这么说呢?因为传统实体店的老板是自己创业的,他们懂营销、懂产品、懂客户、懂交际,比重新教一个新手要容易得多,所以他们这一群人是最好的合作伙伴。只是,他们生活在传统实体店,而微商生活在互联网,现在是一个互联网时代,很多传统实体店都已经萧条。

你可以将现在经营传统实体店的劣势逐一列举出来,如图10-13所示。

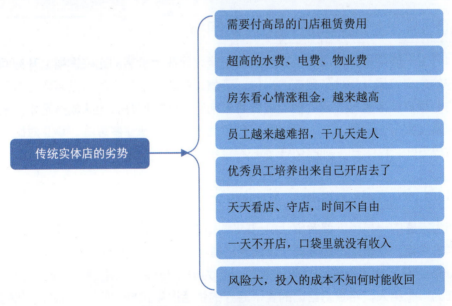

图10-13　经营传统实体店的劣势

然后，再将做微商的优势一一列举出来，形成对比，如图10-14所示。

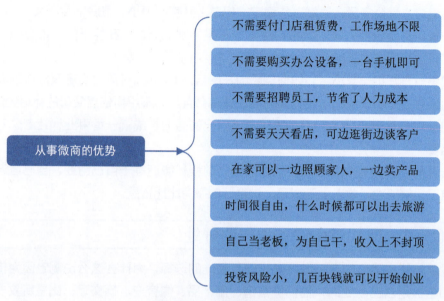

图 10-14 做微商的优势

将好的和坏的形成鲜明对比，在对方心里就会留下深刻的印象，去计算得与失，动摇传统实体店老板的创业之心，这样很能吸引他们加入你的微商团队。

10.3.5　上升空间法，和你谈回报

对打工一族来说，可以用上升空间法去谈。现在上班族都比较重视上升空间，重视自己的未来发展，用他们目前的岗位、薪酬、职级、上升空间与微商事业做对比，在对方心里形成落差感，告诉他们做微商未来的发展如何好，团队成员是如何做成功的，以真实案例去说服对方，可以再配合利益吸引法、创业梦想法、事业对比法一起谈，效果更好。具体方法前面3小节都已经详细介绍过，这里不再赘述。

10.3.6　家庭责任法，和你谈生活

作为家庭的一员，谁都希望让自己的家人过上幸福的生活，让自己的小孩享受高等的学府教育，可是这些都需要一定的经济基础做支撑，而爱是这个世界上最伟大的力量。俗话说"女子本弱，为母则强"，作为一个母亲，希望给孩子最好的生活环境；作为一个男人，希望给自己的妻子最好的生活质量和最大的爱。那么，我们的微商可以用"爱"去激励对方加入我们的团队，实现对方想要的一切。

第 11 章

粉丝维护：这样可以牢牢抓住核心客户

学前提示

在营销过程当中，永远都要遵循"顾客第一"的原则。微商们应该要努力与自己的客户搞好关系，留住客源，不断壮大客户群体，这样才能提高产品销量。本章主要介绍进行粉丝维护、提高客户黏性的各种技巧。

要点展示

▶ 为什么要进行粉丝维护
▶ 8 大技巧，抓住客户提高黏性

11.1 为什么要进行粉丝维护

很多微商可能会将重点放在如何发掘新客户、怎样让购买潜力变为实际购买力的问题之上，却忽略了对已添加的客户关系的维护与发展，使得很多潜在客户大量流失。虽然通过不断的宣传与推广，微店可以增长不少的粉丝数量。可是，微商们必须意识到，现有粉丝的数量也可能会大大减少。这样下去，整个营销过程只会陷入恶性循环当中，不仅对销售业绩没有任何好处，还有可能因为要支出大量推广费用而造成一部分的损失。长此以往，企业与个人的长期发展也会受到不少影响。

因此，不论是微商、网红，还是自明星们，都需要对粉丝进行维护，与老顾客多沟通感情、沟通产品，以及相关的售后使用心得等，让他们觉得自己被重视。

11.1.1 潜力最大的还是老顾客

很多商人在商品销售过后就当上了甩手掌柜，再也不去在乎老顾客的感受。可其实只要老客户对产品满意，成为回头客的可能性是十分大的，所以微商们应该要尽力去维系与老客户之间的关系。

为了维持生意的长远发展，微商们一定要注重与老客户之间的关系，不断挖掘他们的潜在价值，拉动店铺的销售总量。想要达成这一目的，我们应该要培养和维护好与老客户之间的关系，多与他们在朋友圈里互动，多去关心并且主动问候他们，与这些客户建立一个比较稳定且良好的关系。

维护与老客户的关系有哪些好处呢，如图11-1所示。

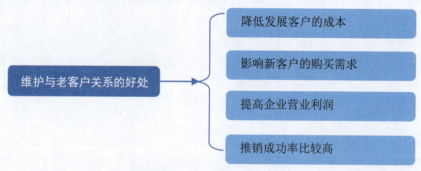

图11-1 维护与老客户关系的好处

下面为大家详细分析以上几点。

1. 降低发展客户的成本

一般来说，发展一位新客户比巩固老客户的投入大得多，不管是资金方面还是精力方面。而且就算争取到了新客户,从建立关系、跟踪调查、推荐商品种种过程来看,要从新客户身上赚到产品利润,也得花上差不多小半年的时间。因此,去巩固与老客户的关系,不仅仅能够节省时间,还能降低发展客户的成本。

2.影响新客户的购买需求

老客户不仅仅能够给企业带来生意,还可以带来更大的盈利方式,那就是介绍新客户,如图11-2所示。一般来说,普通人如果有很信赖的一个品牌,而他身边的朋友亲人又刚好在为某商品发愁的话,老顾客都会将自己熟悉并且信任的品牌推荐给对方。在推荐的过程中,为了使自己的话更有可信度,他们往往都会详细地介绍商品和企业的信息。这样一来还能够帮助商家省去介绍的一步。

图 11-2　老客户介绍新客户

根据数据调查显示,一般企业客户中,60%都是来源于老客户的介绍,这一数据充分显示了老客户的重要性。

3.提高企业营业利润

由于老顾客都非常相信企业的产品品质,这也使他们在购买的过程中很少迟疑并且会不断选择其他的产品进行尝试。一般来说,老顾客的忠诚度提高5%,整个公司的利润率会上升25%左右。可以看出,企业大部分的盈利都是由老客户带来的。

4.推销成功率比较高

还是由于顾客对商家的信任,所以当商家给老客户们推荐新上的商品或是别的一些商品时,老客户只要还需要这些商品,接受推荐的概率大概为50%。如果是给新客户推荐商品,由于他们对商家并不是知根知底,先前也没有用过这些商品,一般接受的可能性只有15%左右。

综上所述,微商们应该多拿出一些时间来正确对待老顾客,给他们更好的售前售后服务,将他们身上还未挖掘的购物潜力全部激发出来,这才是正确的营销方式。

11.1.2　多进行回访才能提高下单率

不论是新客户还是老客户，只要是对我们的产品有意向或者感兴趣的，我们日常都要多进行回访。对于新顾客，多回访可以提高他们的下单率；对于老顾客，多回访可以表现出对他们的重视，让他们觉得自己有存在感，发挥老顾客的消费潜力。

由于微信好友的庞大数量，以及工作强度的日渐增加，经营当中难免会遇到一些大大小小的问题。在这种情况下，店家受到用户的抱怨也是在所难免的。在这种情况下，微商们应该要重视客户的每一次反馈，并且用心倾听他们所提出的问题与建议，然后多进行回访，如图11-3所示。

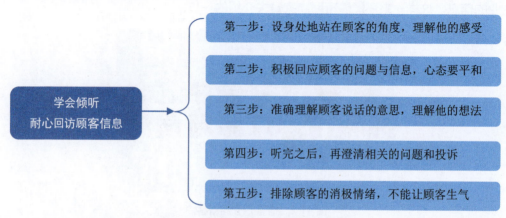

图 11-3　多进行回访才能提高下单率

对客户进行回访时，会收到客户不同的问题，这些问题能不能得到系统的解答和解决，是决定客户是否要继续信任这一家店铺的基本评价标准。因此，微商们应该认真对待客户的每一次反馈，并将这些内容分门别类，具体问题具体分析，仔细地去解决所有意见。

一旦商户没有将客户提出的问题处理得当或是压根儿就没当作一回事儿，这样的情况就会使得店铺损失一部分客户。星星之火，可以燎原，总是因为忽略问题而损失客人，自然最后生意就只能以失败而告终了。

所以为了防止这种局面的出现，商户们应该从源头制止各种不让客户满意的问题，用心聆听对方的意见，认真对待每一份反馈信息。

11.1.3　将优质的客户发展成代理商

首先了解一下，什么是"代理商"。代理是指某家企业与微商之间相互合作的营销战略,在此之间已经形成了完整的线上与线下购买平台,为顾客提供一系列销售服务。如图11-4所示,就是一个招聘代理商的广告。

图 11-4　招聘代理商的广告

代理商不需要仅仅为一家企业而服务,只要他们想,并且有足够的空闲时间,他们可以接无数个品牌的销售活动,不受任何公司与个人的限制。所以说,代理商是相对来说比较自由的工作安排,微商在进行朋友圈营销的过程中,其实是可以从老客户或是大客户中发掘出一些代理商来的。他们不用对企业负责,只用对微商本人负责。而且工作强度并不算太大,不至于耽误平日休息或上班的时间,还能利用闲暇时间赚上一些外快。

对微商来说,当销售走上正轨之后,也需要像实体店铺一样,请一些销售人员帮忙料理店内事务,因为一个人要面对如此多的客户,工作强度确实还是很大的。而且代理商还能从他们的朋友圈中带来并发展一些新的客户。只有不断发展、壮大销售人员,才能拉动店铺的整体销量,使企业有更大的发展空间。

因此,微商们在营销过程中,不仅要不断地发展新粉丝,还要学着去挖掘粉丝的潜在价值。把目光放长远一些,把个人利益与粉丝利益绑在一起,为个人的生意寻找更广阔的发展空间。

11.2　8大技巧,抓住客户提高黏性

客户是营销活动的终极目标,整个营销过程就是一个以客户为中心的运营过程。任何微商都应该要记住,自己做的是长期营销而不是短期推销,不能存在"卖完东西拍拍灰就走"的想法。

营销要做的,就是不断积累新客户、发展老客户,使店铺内的生意生生不息。当然,在销售过程中,微商们也可能会遇见不太想购买商品的客户。对于这类人,也不

能置之不理，而是应该循序渐进地引导对方，去和他们发展关系，慢慢将对方拉入生意圈中。本节通过8大技巧，介绍如何抓住核心客户并提高客户黏性的方法。

11.2.1 抓住客户痛点，解决痛点

无论是做微商、网红还是自明星，都要找到自己的需求客户，有针对性地解决客户的痛点，才能抓住你的客户。比如微商在朋友圈卖一款产品，首先这款产品一定要能解决大部分的客户需求问题，客户需要他，购买力度才大。就像2015年大卖的面膜，因为使用人群广泛，击中了客户对美的需求，抓住了客户的痛点。

所以，客户在网上咨询店家之前，你首先要与客户进行沟通和交流，了解客户需要解决什么样的问题，然后再推荐相关的产品，真正站在客户的角度为其着想，得到客户的信任，这样才能使他们成为你的铁杆用户或粉丝。

11.2.2 多进行互动，增强客户黏性

在朋友圈营销中，为了与微信好友们培养一个比较稳固的关系，微商们应该要尽量多多与好友进行互动。微商们想要在朋友圈赢得好友的好感，增加信任感，要多提升自己的存在感，关心自己的核心好友，点赞加评论是最有效的一个方法。

利用微信点赞方式让好友记住自己，还能得到被好友关注的机会，原理是：先付出，再回报。看到好友聚会很开心，评论一下，分享快乐；看到好友发看电影的状态，评论一下，可以讨论剧情，有利于互动交流；看到好友晒体重的，长胖了的、太瘦了的，可以评论关心一下；还有看到朋友圈发表对于未来的期待和自我激励的状态时，要及时地点个赞，表示对好友的支持和鼓励，好友看到了也会觉得欣慰的。微商们可以通过这种互相分享喜悦和难过的方式，逐渐与对方友好地发展关系，使双方成为无话不谈的好友，为店铺未来的发展打下坚实的基础。如图11-5所示为与朋友圈客户进行互动、点赞、评论的照片。

图11-5　与朋友圈客户进行互动、点赞、评论的照片

11.2.3 以感情为基础,打动用户的心

微商们在进行朋友圈营销的过程中,如果只是循规蹈矩地发一些无趣的广告内容,肯定是没有几个人愿意看的。但是如果我们能将广告内容加以修改,添加一些可以吸引人眼球的元素,说不定就能够让顾客们抽出一些时间来读完整个广告。

一般来说,最能够引起群众注目的话题自然就是"感情"。用各种能够触及对方心灵的句子或是内容来吸引别人,也就是所谓的"情感营销"。因为在现如今这个社会,由于物质生活的不断丰富,群众在购买商品时都开始并不那么看重产品本身的质量与价格了。大家更多的是在追求一种精神层面的满足,一种心理认同感。情感营销正是利用了群众这一心理,对症下药,将情感融入营销当中,唤起购物者的共鸣与需求,把"营销"这种冰冷的买卖行为变得有血有肉起来。

【营销案例】

比如,广东省发行的"大爱无疆"彩票,如图11-6所示,就采取了这种方式。这种彩票10元一张,每卖出去一张,彩票管理中心就会向地震灾区贡献1元钱。

大部分人是不会缺这10元钱的,而且彩票本身也有它自己的价值。最重要的是,在赚取彩票价值的同时,顾客们还能够表达自己对地震灾区的同情心,尽自己所能地帮助那些可怜的人们。所以彩票销售情况是十分紧俏的。

同理,在朋友圈营销中,微商们也应该抓住客户们对情感的需求。其实不一定非要是人间大爱,任何形式的、能够感动人心的细节方面的内容都可能会触动到不同客户的心灵。

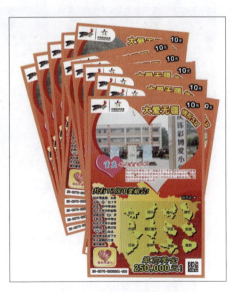

图11-6 "大爱无疆"彩票

11.2.4 增强客户体验感,消除购买顾虑

很多时候,顾客不愿意购买微商所推荐的商品主要是因为不信任,对微商所描述的内容持有怀疑态度。这个时候,微商必须明白,当对方不相信你所说的一切的时候,就算讲到口干舌燥对方还是不会相信。

那么这个时候，我们到底要如何才能让客户不再怀疑进而相信所有的描述呢？当然是直接拿出实质的物品来取代空洞的词汇——用商品本身的功效来证明产品描述的正确性。准确地说，就是增强客户的体验感。那么如何增强体验感呢？直接拿实体店来举例子吧。

【营销案例】

如图11-7所示，这是一家耳机体验店。这种店铺直接将商品陈列出来，并且每个型号的都会挑选一个，让进店选购的买家试听。耳机功效的确是一个很抽象的概念，因为人们无法想象"声场大""三频均衡""人声出色"是什么概念，但是当他们试听过后，自然直觉上就会出现一个相对主观的想法，好还是不好他们心里也很清楚了。

其实不止耳机体验店，现在市面上各色体验店越来越多，因为人们比起听取抽象概念，他们更愿意相信自己主观的感受，如图11-8所示，这就是一家手机体验店。

图 11-7　耳机体验店　　　　　　　图 11-8　手机体验店

这种体验式的店铺除了能让顾客了解功效、打消顾虑以外，还有什么别的好处吗？当然有，那就是增加顾客的体验感。一是增加商品使用的体验感；二是增加购物的体验感。

当然，微信朋友圈的营销没有办法制造出购物的体验感，这点非常遗憾。但是微商们可以试着增加商品使用的体验感。对于类似于护肤品、化妆品、零食等可以拆分的商品，增加用户的体验感还是比较简单的，直接送对方一些商品的小样，让他们先感受一下功效，如果好用，他们自然会选择购买。

而那种相对来说比较大件的商品，特别是电子商品能不能体验呢？其实也可以。但最好是针对诚信意识比较重的、购买希望比较大的客户。让对方交一定的押金，把商品寄给对方让他们感受一番。其实这种行为并不奇怪，现在也有很多卖耳机的商家采取这样的方针来推销自家的耳机了。

11.2.5 多平台建立媒体矩阵，拓展客户

除了微信以外，网络上还有很多社交平台。做朋友圈营销的，也应该将眼光放长远一些，不能只看到朋友圈，而是应该想尽办法认识更多的人，与对方成为朋友，不断挖掘他们身上潜在的购买力。这就要求微商们想尽办法去通过别的社交软件与客户们进行沟通，提高自己店铺的人气，通过平等的沟通与客户们打成一片，成为朋友，为自己生意的长远销量打下牢固的基础。

那么这些沟通的渠道有哪些呢？除了微信以外，还包括QQ、微博等媒体平台。

1. QQ

QQ应该是大家最常用的一种社交工具，它拥有现如今中国最大基数的粉丝，是一个很方便的吸粉平台。而且由于QQ和微信同属于腾讯公司，所以两个软件之间还有可以互相沟通的地方，比如在QQ空间中的发布状态是可以直接同步到微信朋友圈中的，这样既节省了时间，又可以将广告推送给更多人看。

当然，商家们用到QQ的主要原因是要和购买者们发展更好的关系。其实建立QQ群就是一个很明智的方式。QQ群是可以分类的，而且也可以放到网络平台向公众开放，大家可以根据自己的喜好点击加群，如图11-9所示。这样就能汇聚天南地北有共同兴趣爱好的人，然后慢慢地与他们发展关系，最后将他们拉入客户群。

图 11-9　查找 QQ 群的界面

2．微博

作为现在炙手可热的社交平台，微博可以说是群众最活跃的网络地带。随着近几年很多社会新闻都在微博上遭到披露，人们越发能够感觉到微博用户的力量正在日益强大，甚至对社会的影响都十分巨大。而且相比起微信、QQ这种聊天软件，微博更加公开透明，有共同语言的朋友们可以以互相关注并且交谈。

如果商家想要在微博上交好友的话，最好可以将自己的账户发展成大V来吸引更多的粉丝关注，从而提高自己的人气，同时也可以提高店铺的人气。

【营销案例】

一般来说账号想涨粉，通常有两种办法。

一种是靠自己，多发有意义的内容，凭借自己的头脑和文笔吸引别人的注意。比如耳帝，专门为别人科普音乐性质的知识，在流行音乐界有一定的地位，大家都愿意相信他，粉丝众多，因此可以接一些广告。又比如博物杂志，就是专门写生物科普的博主，博学多识风趣幽默，经常为大家排忧解难，当然他本身就是卖科普类杂志的，这样一来二去，吸引了众多粉丝，杂志的销量也被有效的拉动了。

第二种方法就是去高人气的博主发的微博底下抢热门，引起对方粉丝的关注，进而吸引粉丝的关注，拥有大批追随者，如图11-10所示。

图 11-10　抢热门类博主

不管用哪种沟通方式与客户们做朋友，最后的结果都是为了商家生意的进步。所以一定要想尽办法让这些朋友们与商家交换微信，挖掘他们身上的消费潜力，提高商品销量。

11.2.6 这几招教你将新客户发展成老客户

不论卖什么产品，微商们都应该尽量做到持续跟踪，只有这样，才能让对方感受到卖家的诚意。那么如何才能做到有效地跟踪呢？下面为大家详细介绍3种方式。

1．独辟蹊径寻找跟踪方式

一般的跟踪方式每个商户都知道，那么如何从这些人中间脱颖而出，是商家们必须思考的问题。因为只有"不一样"，才能让对方对你留下深刻的印象。

比如别人都用微信跟踪，每一次都给对方发上一小段文字客客气气地提问，那我们就可以试着写一封信与客户进行交谈。手写的文字无论如何都要比键盘上敲打出的冷冰冰的标准字体更让人感兴趣，也更能让人投入心思去读、去回复。因为所有人都知道，写一封信并不是那么轻易的工作，它可能要耗费写信人不少的心力与时间。大部分人都会尊重写信者的心情与劳动成果，自然就会认真地与商家沟通交谈，而不只是随意敷衍了。

2．找一个合适的借口

在跟踪的过程中，每一商家在与顾客交谈之前，都需要有一个合适的主题开始对话。如果只是选择一味地去推销商品，上来就给客户介绍新产品，询问他们要不要购买等，对方恐怕连一个最基本的回复都不愿意给。所以一般来说，聪明的商家会去选择一个避无可避的话题开始这段对话，然后再慢慢地将话题导向别的方向。可行的话题还是很多的，例如询问对方对公司客服的看法、对产品的意见等。

3．注意跟踪的时间间隔

跟踪客户的时间间隔也是一个十分需要仔细思考与看待的内容。因为时间间隔太短会让人厌烦，太长又容易让对方忘记你的存在。一般来说，2到3个星期进行一次跟踪调查是最明智的选择。

【专家提醒】

在每次跟踪调查时，都不要显露出太强烈的销售欲望。必须要明确，跟踪的主要目的还是帮助客户解答关于企业与产品的问题。甚至是去了解客户，摸清楚他们真正想要的，从而为他们创造价值。

平均来说，每3次跟踪才能成交一笔生意，所以商户们在跟踪过程中一定要倾尽自己的耐心，尽量不要随意放弃每一位客户。除了一直要坚持跟踪客户以外，微商们还必须弄清楚在跟踪用户全过程中必须要注意的事项。下面为大家详细分析几点。

1．记录沟通情况

微商每次在与客户沟通完毕后，都应该记录好所有情况，比如沟通的具体时间、沟通的次数、沟通的内容、顾客的具体情况等，方便下一次与客户沟通，也不会因为顾客太多而弄混了信息。

2．写"感谢信"

新客户在购买商品时，商家可以随产品带一封亲手写的"感谢信"，以此来表达对客户的谢意，也能让对方感受到商家的诚意。

3．写信邀请购物

当微商发现，有些客户很长时间没有来店内购买商品了时，可以选择给对方写一封信件邀请他们重新再来光顾店铺。可以在信中附上店铺内新上的多种商品，并且强调一定会给对方最优惠的政策。

11.2.7　高手都这样解决产品售后问题

售后服务是商品售卖过程中非常重要的一步，这一步有没有做好会直接影响到客户的重购率。为了让对商品有售后问题的客户能够快速地进行投诉，商家最好能够开设一个"投诉快车道"，比如专门用来投诉的一个电话号码，24小时开机，随时随地能够接受来自客户的异议。除了接受投诉时要快以外，处理客户问题的速度一定也要快。客户是不会等人的，一旦他认为售后服务不到位，就可能立马换一家店铺，去购买其他品牌的商品，所以商家只要接到投诉，就一定要以最快的速度处理。

一般来说，售后问题主要是以下三个：第一是产品本身质量问题；第二是错发引起的问题；第三是漏发货引起的问题。下面进行详细分析并提出合理的解决方案。

1．产品本身质量问题

其实准确来说，产品质量问题有大有小，商户们应该分类对待，而究竟是大是小，主要还是取决于商家所售卖的商品。

如果商家所售卖的商品是化妆品、保健品等一些内服外用的产品，那质量问题就必须引起强烈的重视，所有商品都得全部给顾客换掉或是退款，甚至是进行赔偿。无论如何都必须使顾客满意，不然以后的生意将会受到很大冲击。

如果商品是衣服或是小型家具等，情况就会缓和一些。商家可以询问到底是哪方面的问题，如果只是一些小细节，比如衣服纽扣不紧、组装柜的螺丝有些松等，商家就可以和对方协商，能不能返给他们一些钱然后顾客自己动手处理一下，如果遭到拒绝再商量退货的事情也不迟。

2．错发

错发比较好处理，如果对方客户喜欢，那商家就补个差价便不用换了，如果对方并不满意那就退货重发。

3．漏发

漏发一般有两个处理方式，补款或是补货。这点就需要商家和客户好好沟通，看看哪种方式对方更能够接受。无论是由于什么原因需要售后服务，商家们都必须要严谨遵守一个原则：耐心。如果碰上脾气火暴一些的顾客可能会语言比较冲动，这个时候商家一定要想尽办法安抚对方，甚至是退一步给对方一些补偿。无论如何，永远都不要得罪客户，尽量留住每一位客户。

11.2.8 鼓励顾客提出建议，优化工作

在微信朋友圈营销中，微信好友便是我们的客户。好友越多，客户就越多，订单也越多。想要成功地在微信朋友圈中经营下去，微信好友们便是支撑个人店铺发展的全部力量。其实客户不仅仅只是店铺的购买力量，同样也是宣传力量，甚至是商家进行店铺改进的最大建议群体。商户们应该要不断挖掘这些客户们的价值，听取他们的建议，不断完善整个经营过程，甚至最终形成自己的特色，吸引更多的客户与关注。

客户的建议对店铺来说，真的十分重要。因为他们可以站在消费者的角度来告诉企业顾客真正需要的到底是什么，企业又还欠缺些什么，有哪些没有做到位的。而这些种种意见或建议，对企业的建设与发展都十分重要，所以各位商家必须给予重视。

在面对客户的建议时有三个原则是必须要遵守的。第一是鼓励客户提出建议；第二是认真听取客户的建议；第三是完善与落实客户的建议。接下来为大家详细分析。

1．鼓励客户提出建议

其实让人提建议就像是课堂上老师让学生提问题一样，很难碰上真正愿意主动的人。一方面，大家是怕麻烦，提了意见可能会被一直叨扰，问很多关于这方面的问题，烦不胜烦。另一方面，则是害怕商家觉得这个建议没有什么用，直接否认会伤到自己的自尊心。因此，商家要是能遇上愿意主动提建议的客户那肯定是求之不得的。可是商家必须要了解，大部分客户还是比较被动的。

这个时候就需要商家自己主动一点去鼓励买家提出一些不满意或是他觉得还能够完善的地方，主动向对方表明一定会重视他所提出来的意见，甚至可以采用资金上的鼓励，给那些提出好建议的顾客们优惠政策或是下发代金券。很多时候，有偿得到的信息会比无偿的更加有价值。

2. 认真听取客户的建议

一旦顾客们愿意提出建议了，商家们要做的就是认真记录这些信息，表明自己对这些信息的重视，决不能随意敷衍顾客，不然不仅得不到有效的建议，反而还有可能因为表现出来的不尊重进而失去一些客户。

建议听取完毕之后，商家还应该深入分析形成这个问题的原因是什么，应该要如何做才能解决这个问题，得出具体实施方案来。

3. 完善与落实客户的建议

如果收集建议之后不立马去落实它，那么听取建议的过程就白白浪费了，花掉的时间没有任何意义，店铺也不会有任何长进。甚至当有些客户发现自己的建议没有被重视和实施的时候，可能会失去以后所有来自购物者的建议。

因此，商家在听取建议之后，一定要迅速总结出解决方案并且以最快的速度落实它们。争取在最短的时间内让顾客看到变化，增强客户对商家的信任度与好感度，从而拉动销量与人气。

综上所述，能够正确听取与对待客户建议的商家，成功指日可待。

第 12 章

经营策略：朋友圈自明星 IP 品牌的建设

学前提示

如今，在数字化的引领下，一切产业都出现了娱乐化的趋势，几乎所有的行业和品牌都要运用到爆款 IP 策略，才能在激烈的市场竞争中脱颖而出。对于网红、自明星，IP 就是你的招牌，你可以通过这种 IP 的招牌形成一定力量和范围的传播。本章主要介绍朋友圈自明星 IP 品牌建设的相关内容。

要点展示

- ▶ 3 大要点，自明星 IP 品牌的形成条件
- ▶ 4 种方法，快速打造微商自明星的 IP 品牌
- ▶ 4 种策略，掌握自明星 IP 品牌的经营模式

12.1 3大要点,自明星IP品牌的形成条件

通俗地说,一个超级IP的形成,好的内容、故事、策划是必不可少的。因此,在互联网时代,常有人说,100个销售代表也比不上1个好的IP来得有效果。

12.1.1 持续的优质内容创作能力

一个好故事、一条有号召力的帖子、一篇充满感情的博文,这些都是创业者或企业在互联网IP大战中制胜的内容"法宝",而且通过这些内容可以让创业者或企业在零成本的情况下获得更多利益。

【营销案例】

例如,在进行互联网内容创业前,"咪蒙"的身份也比较多,如文学硕士、专栏作者等。当然,这些经历也为她的文章注入了新鲜的"血液"。"咪蒙"具有优秀的内容创作能力,而且可以持续地输出优质内容,而且每篇文章的阅读量都达到十多万,有些甚至超百万,如图12-1所示。

图12-1 "咪蒙"的微信平台文章信息与阅读量

2016年6月,"咪蒙"的新书《我喜欢这个"功利"的世界》由湖南文艺出版社出版,如图12-2所示。这是一本比较励志的文学作品,同时也使她被粉丝誉为"国民励志女作家"。

从"咪蒙"的微博主页可以看到,她的微博粉丝已经超过180万,如图12-3所示。而微信公众号的粉丝据悉已经超过300万,单篇文章的平均阅读量超过100万。不

管是从数据、内容还是运营方式上看来,"咪蒙"的IP之路都是比较成功的。同时,纸质图书的推出也为其营造出一种特殊的文化气质,通过自我宣传和包装,直接引导粉丝来完成她所推荐的消费。

图 12-2 "咪蒙"利用微博来推广图书

图 12-3 "咪蒙"的微博主页

12.1.2 从爆品发展成为自己的 IP 品牌

如今,IP营销的概念得到了很好的扩展,很多个人品牌爆款IP都能够凭借自己的吸引力,来摆脱单一的平台束缚,在多个平台、区域获得流量和好评。例如,南派三叔、叫兽易小星、天下霸唱、糗事百科、《花千骨》等就是具有非常强的营销能力的个人品牌爆款IP的代表。

【营销案例】

南派三叔的《盗墓笔记》小说不仅有很多粉丝关注,而且还形成了自己的品牌

IP，基于这个品牌IP的影响力又衍生出很多产品，如电影、网络季播剧、手游等，吸引粉丝购买下载。电影《盗墓笔记》是根据南派三叔的同名小说改编，由上海电影集团、乐视影业、南派泛娱等共同推出的动作探险片，由擅长动作美学的李仁港执导，集合了鹿晗、井柏然、马思纯、王景春等众多大腕明星主演，如图12-4所示。

图12-4 《盗墓笔记》电影

《盗墓笔记》上映首日便获得2亿票房，可以说是笑傲群雄的成绩了，足以令各方小赚一笔。以前那些看过原著的粉丝，纷纷走进电影院，掏钱观看电影，这就是IP变现的有力体现。

2015年6月12日，根据《盗墓笔记》翻拍的网络季播剧正式开播，由李易峰、唐嫣、杨洋、刘天佐、张智尧、魏巍等众多明星主演，如图12-5所示。目前，网剧《盗墓笔记》的总播放量已接近40亿，创下网剧播放量纪录，这就是一个IP品牌联动性。

图12-5 《盗墓笔记》网络季播剧

12.1.3 强大的粉丝运营能力

如今，市场经济已经从"得渠道者得天下"转变为"得用户者得天下"的时代，这一切都是互联网发展带来的结果，它彻底打破了以往封闭的经济模式，形成了一个新的、开放的、"用户为王"的经济时代。

在互联网时代，很多IP都拥有自己的顾客，优秀的IP拥有的是用户，而爆款IP则拥有众多会为自己说话的粉丝，这些粉丝就是IP衍生产品或品牌最好的代言人。因此，要想成为一个超级IP，创业者或企业还需要掌握强大的粉丝运用能力。图12-6所示为IP粉丝运营的完整流程。

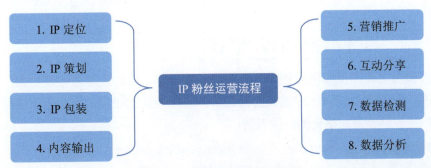

图 12-6　IP 粉丝运营的完整流程

在整个IP粉丝运营的流程中，如何提升粉丝活跃性，让粉丝参与内容互动是粉丝运用的重中之重。下面介绍一些技巧，如图12-7所示。

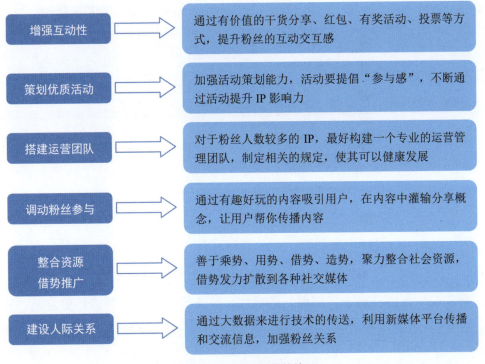

图 12-7　IP 粉丝运营的技巧

12.2　4种方式，快速打造微商自明星的IP品牌

打造微商自明星IP品牌的本质其实还是内容，因为吸引粉丝要靠内容。那些能够沉淀大量粉丝的自明星除了拥有优质内容外，他们还有一些共性，本节将进行具体分析。

12.2.1　具备人格化的偶像气质

在打造自明星IP品牌的过程中，自明星需要培养自身的正能量和亲和力，可以将一些正面、时尚的内容以比较温暖的形式第一时间传递给粉丝，让他们信任你，在他们心中产生一种具备人格化的偶像气质。

【营销案例】

例如，2015年年底，中国台湾地区女歌手王心凌在微博上发布了一张吃汉堡的照片，来配合新专辑的宣传工作。面对照片画面中的造型，网友们各有各的看法，一时间话题被大家热议。对此，王心凌在互动中回复"主！要！看！气！质！"，于是网友纷纷在照片下方"接龙"回复，如图12-8所示。该话题迅速登顶热搜第一。

图12-8　"主！要！看！气！质！"引发网友热议

有人说，在过分追求"颜值"的年代，"主要看气质"的流行蕴含着"正能量"。不过，对于互联网创业者来说，要想达到气质偶像的级别，首先还是要培养人格化的魅力，如图12-9所示。

俗话说"小胜在于技巧，中胜在于实力，大胜在于人格"，在互联网中这句话同

样有分量,那些超级IP们之所以能受到别人的欢迎、容纳,其实这也从侧面说明他具备了一定的人格。

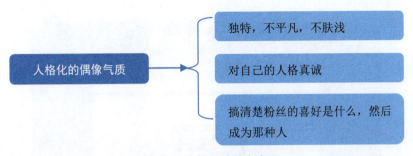

图12-9　人格化的特点表现

12.2.2　节目内容输出的频次高

如今,大部分的超级IP都经营了3年以上,正是有他们运用连续性、高频次的内容输出,才抓住了这样的机会,而他们的产品供应链和服务体系并不输于一些大规模的企业。

【营销案例】

例如,2010年便成名的IP——"天才小熊猫"张建伟,就是在当年的"3Q大战"中凭借《右下角的战争》系列脱颖而出的,如图12-10所示。

图12-10　"天才小熊猫"在新浪博客中发布的《右下角的战争》系列GIF动画

"天才小熊猫"坚持内容为王,借助奇虎360与腾讯之间的"3Q大战",将一小段子通过GIF动画的形式融入自己的创意,提高了内容的趣味性,同时运用系列来持续性输出内容,增加了故事性和情节性,具有很高的可读性。

如图12-11所示,为"天才小熊猫"的微博主页。"天才小熊猫"在微博上发布的内容频次比较高,这也是他成功黏住粉丝的要点所在。

图 12-11 "天才小熊猫"的微博主页

12.2.3 具有明确的核心价值观

微商或自明星要想成为超级IP,首先你需要一个明确的核心价值观,即平常所说的产品定位,也就是你能为用户带来什么价值。

▶【营销案例】

例如,2015年问世的动画电影《超能陆战队》是由迪士尼与漫威联合出品的,如图12-12所示。

图 12-12 《超能陆战队》的相关介绍与主角形象

《超能陆战队》的推出让人们都记住了"大白"这个"呆萌"的动画人物,如图12-13所示。

另外,由影视剧衍生的大白公仔、玩具等产品出现了火爆的销售状况,如图12-14所示。

当然,迪士尼的精心策划是《超能陆战队》获得成功的主要原因之一。但更重要的原因是《超能陆战队》的IP抓住了差异化定位,有明确的核心价值观,那就是在青少年、儿童人群中塑造一个英雄式的强势IP。

总之,创业者在打造IP的过程中,当价值观明确了之后,才能轻松做出决定,对内容和产品进行定位,才能突出自身独特的魅力,从而快速吸引关注。

图12-13 《超能陆战队》电影中的"大白"

图12-14 大白公仔

12.2.4 生产个性的高质量内容

作为微商、自明星IP的重要条件,创造内容如今也出现年轻化、个性化等趋势。要创作出与众不同的内容,虽然不要求你有多高的学历,但至少要能展现点有价值的东西出来。从某种方面来看,读书和阅历的多少,直接决定了你的内容创造水平。如图12-15所示,比较出名的自明星IP都或多或少有一定的文化功底。

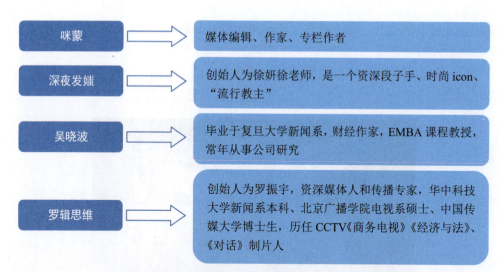

图 12-15　热门的自明星 IP 都拥有一定的文化功底

总之，这些在IP市场风生水起的创业者都善于写作，喜欢用文字来表达内心的感受，而且他们善于生产年轻、个性的内容，让读者看完后心灵触动，产生共鸣。

【营销案例】

例如，郭敬明的一部小说《幻城》也是一个IP，它通过脱俗新颖的内容吸引大量"幻城粉"，让作品延伸到电视剧、手机游戏，再次引发热点，如图12-16所示。

图 12-16　《幻城》实体书与手机游戏

12.3　4 种策略，掌握自明星 IP 品牌的经营模式

网红式的自明星IP将传统的成名和吸金机制进行了彻底的颠覆，并且使很多行业的生态链发生了变化。将自明星打造成一个IP品牌的最终目的是商业变现，这才是整个自明星体系的完成。本节主要介绍自明星IP品牌的经营策略与技巧等内容。

12.3.1 做粉丝喜欢看的硬广,重视内容

在广告行业中,硬广是指直接发布的产品广告信息,广告信息中包含了产品功效、商品功能等。在朋友圈或其他新媒体平台中发布硬广信息时,一定要掌握相关的技巧,否则很容易被朋友圈的人屏蔽信息,这样就得不偿失了。硬广也是自明星变现的一种方式,通过为企业代言产品转发朋友圈或微博等平台,得到一定的经济回馈。

有许多自明星平常发布自己的生活状态、工作动态时,粉丝的互动率非常高,留言率、转发量都非常可观,可是一发硬广信息时,朋友圈或微博的活跃度就降低了许多,转发量也很少,这是部分自明星遇到的情况。这时,我们应该怎么办呢?

【营销案例】

首先,自明星的内容要达到一定的高度,或者在某一个行业具有一定的权威性,自明星本人还要有一定的人格魅力,这时粉丝可以直接忽略硬广信息,有可能还会关注自明星发布的硬广信息,从而购买产品。图12-17所示为电商自明星张大奕的微博,她在发布硬广信息时,转发量、留言、点赞率也非常高,说明她很受粉丝欢迎。

图12-17 自明星张大奕的硬广信息

自明星在朋友圈发的硬广信息,可以直接从微信公众号、微博、今日头条等平台直接转发已发布的硬广文章链接,在朋友圈中点击网页链接,即可打开相应的页面,查看发布的硬广信息。

还有一种情况,自明星在发布硬广内容时要有一定的创意,内容要贴近生活,这样也会获得粉丝的高度关注和转发,特别是带有爱心情感、有创意又贴近生活的硬广

信息,在朋友圈、公众号、微博中硬广也很受欢迎。

12.3.2 对准需求的软文推广,解决痛点

软文,顾名思义,是相对于硬性广告而言的,由企业的市场策划人员或广告公司的文案人员负责撰写的带有情感性质的"文字广告"。与硬广相比,软文更具有生命力,软文能结合人们的需求、情感,与观众找到共鸣点。网红、自明星们主要通过微信公众号、微博、今日头条等媒体平台来发布软文,这是他们主要的运营平台。

【营销案例】

吴晓波是一位有名的财经作家,在财经这一块发布的软文具有一定的影响力与参考价值,是财经领域的佼佼者。目前,微博粉丝412万,发布的微博软文评论、转发量都很可观。图12-18所示为微博软文与转发信息。

图 12-18 微博软文与转发信息

吴晓波不仅在微博的粉丝数量大,他还创立了微信公众号"吴晓波频道",以新榜平台预估的活跃粉丝为56W。每天定时推送财经软文,头条软文阅读量基本都是10W+,微信公众号的粉丝数据也非常庞大。"吴晓波频道"每天推送5~7篇文章,除了头条文章以外,其他几篇会有一些软文广告信息,这也是自明星的经济收入之一,粉丝会给予理解。因为吴晓波亲自编写的头条财经内容很棒,因此下面发的软文广告粉丝们也会买单、查看、甚至转发。

如图12-19所示的第4篇软文——"年营收3795亿,是时候说说无印良品的秘密

了"，这就是一篇软文广告，带情感的表达，对准需求的推广，粉丝也爱看，文章阅读量也上万了。

图 12-19 "吴晓波频道"的软文广告

软文要对读者有价值。撰写一篇优秀软文的第一步，就是寻找用户感兴趣的话题，可以搜索相关的资料进行整理，最终消除读者之间的陌生感。让读者对软文产生认同感，从而取得读者的信任。要始终记得撰写的软文是给读者看的，这是软文写作的生命力。读者的身份不同，职业上有区别，对软文的需求也不一样。

【专家提醒】

要保证写出来的软文能满足读者的期待，就需要根据对象来设定文章的风格。根据不同职业可以使用相关的专业语言，对年轻读者尽量采用当下较流行的语言。这样做的好处是容易引起广大读者的追捧，为软文创造更好的传播效应。

12.3.3 使用众筹运营模式，成为受众领袖

众筹即大众筹资，是指在团购的基础上增加预购的形式，面向公众筹集资金的模式。发起人利用互联网和社交网络传播的特性，通过众筹平台发布一个众筹项目，展示他们的创意，然后投资人进行支持，获得资金。

众筹主要是以资助个人、公益慈善组织或中小型企业为目的进行的小额资金募集，它是一种全新的互联网金融模式。更具体而言，筹资者将需要众筹的项目通过自己选定的众筹平台进行公开展示，浏览该平台的所有网友都可以对这些项目进行投资。每个人的投资金额一般不高，但项目随着投资人的投资积累，逐渐形成滴水成海

的效果，最终项目成功之后发起者获得所需的资金。

相对于传统的融资方式，众筹模式更为开放。只要是投资人喜欢的项目，都可以通过众筹来获得项目启动的第一笔资金，也就为草根创作者们提供了无限的可能。同样，这种众筹模式也为自明星们提供了无限可能。

【营销案例】

电商红人肖森舟在微商刚刚兴起的时候，打算出一本叫《微信营销108招》的图书。肖森舟通过微信平台开始图书众筹模式，邀请众微商和粉丝一起共同创作这本书，这本书还没有出版，就已经通过微信众筹到出版资金了。截至2015年1月22日，已众筹到128万元。最后，该书于2015年3月出版，众微商与粉丝成了免费的推广和销售员，使图书大卖，销量一路上涨，如图12-20所示，这就是一本通过众筹出版的书。

图12-20　通过众筹出版的图书

众筹主要包括4种运营模式，如募捐众筹、奖励众筹、债权众筹、股权众筹。下面分别进行简单介绍。

1. 募捐众筹模式

首先是募捐众筹。募捐式众筹的发展十分迅速，这是一种非营利机构获得捐款，以及那些遭遇到不幸的大众，得到基本生活保障和物质援助的一个主要方式。

前期项目立项主要在于项目发起人做好相关准备工作，收集项目资料和众筹平台确定并审核公益项目内容及目标金额。中期线上跟进后再与公益项目推广与支持者互动。后期获得首笔款项后执行公益项目，定期汇报进度与支持者互动，以及获得尾款使募捐众筹顺利完成。

2．奖励众筹

奖励众筹平台在帮助公司预售产品，并获得初期支持者方面是一个非常有效的机制。目前，很多在Kickstarter或Indiegogo平台上实现融资的公司在随后的风险融资轮里都获得了很高的估值，有些还被投资人直接收购了。这种融资模式已经成为风投社区普遍接受的模式了。

作为一种商业模式，奖励众筹在回报部分尤其重要，那是商品等价交换的根本，也是下一次众筹能否得到别人持续信任的直接原因。

3．债权众筹

债权众筹一般情况下就是指P2P借贷平台。债权众筹主要分为债权归集、债权转让和资金流向3个方面。对于募资人来说，借钱这事有时候向身边的人开口并非好事，所以假如一个成熟的平台能够让他尽快地借到钱，就是一个非常好的选择。

债权众筹平台的主要责任就是建立借款人的信用规则，努力控制投资者的投资风险，尽可能地保护投资者的利益。尽管债权众筹有一些安全措施，但投资者最好还是将其资金分散在不同的网站，以降低风险，使投资组合多样化。

4．股权众筹

股权众筹作为众筹资金额度最多的众筹模式，已经逐渐地被大众所接受，这是一种让投资更有保障的融资方式。

股权众筹类似于风险投资和天使投资，对于如游戏、应用、电影、音乐、文学等数字产品资金的筹集最为有效。一般使用股权筹资中1/5的项目都能够筹集超过15万元人民币以上的资金。用户在股权众筹平台进行融资筹资，实际上可以认为是发行了股票，只是上市的市场是一个众筹平台。

股权制众筹要比奖励制众筹更加商业化，投资者主要是考虑发起者的项目是否有前景、能不能盈利。因此，发起项目的侧重点不能像奖励制众筹那样仅仅是为了实现自己的梦想，而是应该更多地为投资人考虑，从理性的角度打动投资人。

12.3.4 基础内容免费，高端课程收费

很多企业一开始都喜欢先给用户提供免费的产品，如相关杀毒软件等，等用户积累到一定数量后，对产品的高级功能进行收费。自明星们也可以先通过免费的内容吸引粉丝，扩大粉丝数量，待粉丝累积到一定数量时，可以同步开启收费模式，可以针对高端产品或课程，进行收费。这里比较具有代表性的是"罗辑思维"的创始人——罗振宇，一位非常具有影响力的自明星。

📁 【营销案例】

"罗辑思维"微信公众号在运营初期,罗振宇每天早上6点30分准时用60秒的语音免费分享有价值内容来吸粉引流,从未间断,在坚持了近1900天以后,"60秒语音"俨然成了罗振宇的超级IP。

目前,截至2018年5月,"罗辑思维"微信公众号每天还是有"罗胖60秒"的语音,在公众号的第二条软文位置,第一条是关于职场资讯类软文,第三条是关于直播课程类软文,如图12-21所示,读者都非常多。在"罗辑思维"的变现过程中,图书变现是主要的盈利方式。

 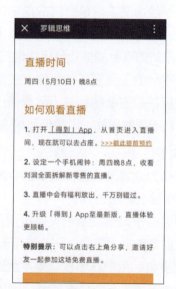

图 12-21 "罗辑思维"微信公众号

另外,在2013年8月份的时候,罗振宇的"罗辑思维"发起了VIP会员制度,普通会员收取200元的会员费,名额为5000个;铁杆会员收取1200元的会员费,名额为500个。而作为回报,"罗辑思维"会向会员每月送上一本亲选的好书,优先参与"罗辑思维"的线下活动,享有专属席位,铁杆会员间常有圈子聚会等福利。"罗胖"形象地说明了基础内容免费、高端课程收费这种经营策略。

第 13 章

品牌变现：多种赚钱模式助你吸金有道

学前提示

新媒体时代将人们的生活带入了一个新阶段，朋友圈的营销也渐渐进入了一个全盛时期。对于微商、网红、自明星运营者来说，微信运营的最终目的是赚取利益，实现品牌变现。因此，掌握多种赚钱的模式是必不可少的。

要点展示

- ▶ 3 种方式，实现微商变现
- ▶ 6 种方式，实现自明星变现
- ▶ 4 种方式，实现 IP 品牌变现

13.1 3种方式,实现微商变现

在朋友圈从事微商的工作,有3种变现方式:第一是发展代理商;第二是批发式营销;第三是打造微商品牌。本节针对这3种变现方式进行相关介绍。

13.1.1 发展代理商

微商是营销的一种渠道,而微商发展代理商,是指通过代理商来打理微商的生意,代理商赚取微商的代理佣金。如果将微商比作为一个企业,那么代理商就是企业中的销售员,销售员越多企业产品的销量就越高,利润就越大。

微商选择好一款产品后,要通过不同的媒体平台不断地吸粉引流,然后每天都在朋友圈晒一晒收益、客户转账之类的图片,这样能很快地吸引其他的代理商帮你卖产品。只要微商的产品质量过硬、口碑好,就会有很多人愿意在朋友圈代理你的产品,帮你销售产品。发展代理商是一种极佳的变现方式。

【营销案例】

图13-1所示为微商在朋友圈发布招代理商的信息,有些是在正文中说明招代理商,有些是在地址栏中显示招代理商。而且朋友圈招代理商的门槛极低,只要你有营销、赚钱的欲望,也愿意付出努力,你就可以成为朋友圈的代理商。

图 13-1 微商在朋友圈发布招代理商的信息

13.1.2 批发式营销

在朋友圈从事微商的工作，比开实体店的利润要高，毕竟节约了很多硬性开支，如门店租金、店铺装修、人力成本等。所以朋友圈的产品价格也非常实惠，同品牌、同质量的产品，朋友圈的性价比会更高一点。

因此，微商品牌做得比较好的话，就会有很多其他的微商、微店或淘宝店主找微商拿产品，一拿就是几十件甚至几百件，而且还是长期客户。这种批发式购买力度是非常大的，所以批发式营销也是微商变现的渠道之一。

13.1.3 打造成网红

通过其他新媒体平台、短视频平台等，将自己打造成网红，不断地吸粉引流。当粉丝达到一定数量时，建立自己的产品或品牌，将粉丝引入微信平台，通过微信朋友圈、淘宝店、线下实体店等，疯狂推广自己的产品或品牌，打造粉丝经济，赚取资金。

薛之谦有段时间的人气并不是特别高，那段时间他在媒体平台中通过写段子，疯狂积累人气和粉丝。当粉丝达到一定数量后，他开始建立自己的男装品牌Dangerous People，利用超高的粉丝和人气，为品牌宣传、买单，这是网红模式最好的案例。

13.2 6种方式，实现自明星变现

由于自明星创业的成本比较低，因此现在越来越多的人通过自明星的模式进行创业，自明星也越来越受到年轻人的追捧。当然，自明星进行的一系列宣传、推广的活动，最终目的都是为了吸粉引流、赚取利益。本节主要介绍自明星变现的6种方式。

13.2.1 广告变现

广告变现是指自明星拥有一定的粉丝数量后，就会有超高的人气，而商家会请自明星们为企业的产品代言并录制成广告视频的方式在媒体平台中进行宣传。商家通过自明星的粉丝流量来提高产品的销量，扩大品牌的知名度；而自明星通过广告变现，实现一定的收益。

【营销案例】

以网络红人papi酱为例，papi酱凭借变音器发布原创短视频内容而大受粉丝关注。知名度暴增的papi酱成为自明星后，拍卖第一个广告，丽人丽妆以2200万的价格落槌，如图13-2所示。

图 13-2　papi 酱拍卖广告以 2200 万的价格落槌

13.2.2　主播直播

自明星在直播平台中，通过直播营销，利用各种方法，吸引用户流量，让用户购买产品、参与直播活动，让流量变为销量，从而获得盈利。下面向大家介绍几种直播变现的策略，以供参考。

1. 美女主播：赚足视觉享受的经济变现

说起直播的盈利，最初主要是秀场直播中获取的，对这种视觉享受的经济变现模式而言，最重要的就是主播。主播的素质和特长基本上决定了营销的成功与否，而秀场直播平台的主要收入则包括三个方面，如图13-3所示。

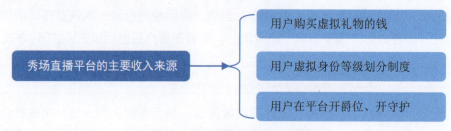

图 13-3　秀场直播平台的主要收入

【专家提醒】

虽然秀场直播的营销模式比较简单，操作起来也很容易，但它的地位始终都是比较稳固的。只是需要更多的探索和发现，来不断改造和发展它。

2. 直播平台：满足用户需求来变现

对直播平台而言，用户的需求永远都是摆在第一位的。只有持续与用户进行互动，对用户提出的意见及时做出反馈并满足用户需求，才能推动营销的实现，获得经济效益。以某直播平台为例，除了在内容上吸引用户以外，它还不断提升用户的直播体验。那么它具体是从哪几个方面做的呢？这里将其总结为三点，如图13-4所示。

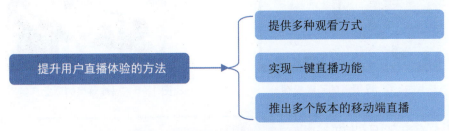

图 13-4　提升用户直播体验的方法

3．淘宝直播：Buy+体验呈现

对直播营销而言，一方面要吸引用户购买产品；另一方面又要提升用户的直播体验。淘宝在这方面做得很好，从一开始的"足不出户，购尽天下物"到现在的"Buy+"全球首次开放体验，淘宝用行动向我们证明了它的实力。

2016年7月22日，淘宝"造物节"正式开幕，随之而来的还有阿里VR实验室研发的Buy+——虚拟现实购物体验产品。此次Buy+体验呈现的两个主要购物场景的产品为女包和男女内衣，用户只要戴上"头盔"，进入体验空间，就能亲身体验琳琅满目的虚拟商店。

此外，用户还可以通过手柄设备与朋友一同在虚拟购物空间进行交流。在这里，用户不仅可以360°观察产品，还可以让模特展示服装效果。淘宝将目光投向直播，一方面利用技术提升了用户的购物体验；另一方面也推动了营销的实现，使得淘宝直播不断向前发展。

【营销案例】

冯提莫是直播网站有名的一位自明星，是一名职业女主播，因为在斗鱼直播平台玩游戏的时候，为观众唱了几首歌，而开始了其网络主播的生涯，翻唱过许多歌曲，也为电影配过片头曲，深受观众喜爱。

2018年1月，冯提莫还获得了斗鱼年度盛典十大巅峰主播奖。截至2018年5月，冯提莫的新浪微博目前的粉丝数量为700多万，是一位最典型的通过主播平台变现的自明星。

图13-5所示为冯提莫的直播视频。图13-6所示为冯提莫接的商业广告。

图 13-5　冯提莫的直播视频

图 13-6　冯提莫接的商业广告

13.2.3　短视频变现

短视频，顾名思义就是时间比较短的视频。视频是一种影音结合体，能够给人带来更为直观的感受的一种表达形式。随着移动设备端、移动互联网、社会化媒体的兴起与发展，短视频开始频繁走进大众的视野。短视频的兴起以第一个短视频的产生为基础，其发展也是依靠短视频应用的出现。我们来看国内短视频的发展历程，其主要以美拍、微信小视频、小影、抖音为主要代表。

【营销案例】

当前，抖音APP是短视频变现最火的平台之一，是一个专注年轻人的15秒音乐短视频社区。该平台的用户黏性很强，在该平台发布的短视频，只要点击率上万，可以快速实现短视频变现。图13-7所示为某自明星上传的一段抖音短视频，阅读量418.6W，评论量7.7W，转发量5.8W，强大的流量直接实现了短视频的变现。

图 13-7　某自明星上传的一段抖音短视频

13.2.4 网络微课程

网络微课程又称为线上培训,这是一种非常有特色的自明星可以用来获得盈利的方式,也是一种效果比较可观的吸金方式。自明星要开展线上培训的话,首先它得在某一领域比较有实力和影响力,这样才能确保教给付费者的东西是有价值的。

【营销案例】

采用线上培训这种盈利方式的自明星中,做得不错的代表有微信公众号"手机摄影构图大全"的创始人构图君,主要专注于摄影构图领域,通过在微信公众号中定期更新一些高质量的摄影内容,吸引了大量粉丝关注和学习。之后,构图君在千聊微课中开设了多门摄影课程,报名学习的读者非常多,这是典型的自明星通过网络微课程的变现方式。图13-8所示为微信公众号"手机摄影构图大全"中发布的微课教程,以及千聊平台的微课教程。

图 13-8 微信平台发布的网络微课程

13.2.5 形象代言人

形象代言人是一些明星、商界大腕、自媒体人等人物IP常用的变现方式,他们通过有偿帮助企业或品牌传播商业信息,参与各种公关、促销、广告等活动,促成产品的购买行为,并使品牌建立一定的美誉度或忠诚度。

【营销案例】

例如，聚美优品的总裁陈欧，是一位中国企业家、聚美优品创始人兼CEO，因主演2012年10月拍摄的第二支聚美优品的广告"我为自己代言"，而迅速在网络中蹿红。全国观众迅速认识了陈欧这位自明星。2013年11月，陈欧拍摄的"光辉岁月——我为自己代言"3.0版的聚美优品广告，全网首播，陈欧再次出现在网络上，广告上线24小时，点击率突破100万，是一位流量非常大的自明星，通过形象代言直接变现，如图13-9所示。

图 13-9　通过形象代言直接变现

13.2.6　出演网剧

对那些拥有一些表演、唱歌等才艺的自明星来说，可以向影视剧、网剧等方面发展，也可以得到不菲的收入。例如，《万万没想到》已经从单纯的网剧发展成大电影了——《万万没想到 西游篇》。《万万没想到 西游篇》其实在开播前就已经在赚钱了，它通过植入广告、网络发行等各种手段将3000多万成本收回，上映后还创下了两天1.1亿票房的纪录。

当然，拍网剧的要求比较高，大部分网红、自明星都还停留在微电影的阶段。其实，也可以在宣传时将"微"字淡化甚至去掉，这样就变成拍电影了，自明星基本上都是这样宣传的，同样也可以得到粉丝的膜拜。

【营销案例】

例如，比较有名的网商名人肖森舟，2006年成立了电子商务工作室，经历多年努力，终于成为厦门十大最受欢迎的网商；2012年组建森舟商学院，又被淘宝大学认定为淘宝大学企业导师,学生遍布全国,红遍电子商务行业。

2015年,肖森舟主演电影《我的微商女友》,如图13-10所示,2016年1月上映,讲述的是女主人公的微商从业经历,从痛苦、绝望到最后成功的故事,深受观众喜爱,肖森舟通过出演电影,实现了自明星的变现方式。

图 13-10　肖森舟主演电影《我的微商女友》

13.3　4种方式,实现IP品牌变现

内容如果无法变现就像是"做好事不留名"。在商业市场中,这种事情基本上不会发生,因为盈利是商人最本质的特征,同时也是能体现人物IP的价值所在。如今,IP品牌变现的方式多种多样,本节进行相关介绍。

13.3.1　电商导流

如今,普通网店那种简单的商品罗列已经很难打动消费者,因为消费者看不到他们想要的东西。很多消费者喜欢在网红店铺购物,并不是真正的喜欢那些网红,而是觉得她们搭配的衣服好看,希望穿出和她们一样美丽的衣服效果。

图13-11所示为淘宝网的电商网红将内容信息源与购买点相结合,吸引消费者抢购的案例。

另外,网红店主经常会在平台上发布一些对生活的感悟和对时尚的理解,这些内容也是吸引有同样爱好的消费者关注的重要原因,如图13-12所示。

尤其是在淘宝这个时尚媒体开放平台,聚集了一大批以淘女郎为代表的电商红人。她们已经超越了产品本身,卖的更多的是一种生活方式和体验,其电商导流、变现是与忠实粉丝长期互动中自然演化而来的。

电商红人将内容信息源与购买点相结合，他们的每一条内容，都会吸引消费者抢购

图 13-11　网络红人利用漂亮的服饰搭配吸引消费者购买

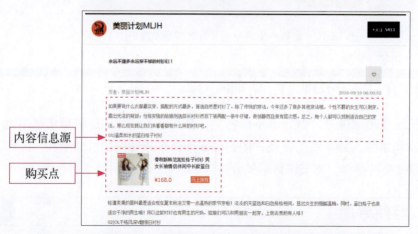

内容信息源

购买点

图 13-12　网络红人利用时尚内容吸引消费者购买产品

【营销案例】

张大奕能从一个模特成为五颗皇冠的淘宝卖家，其中离不开她个人的努力，更离不开粉丝的支持。张大奕拥有445万微博粉丝，如图13-13所示，是个名副其实的IP。

张大奕的淘宝店拥有325万粉丝，曾创下上线新品2秒卖完的销售盛况，只用3天就完成了普通线下店铺一年才能做到的销量，平均月销售额超过百万，这可以说是互联网电商的一个奇迹。"真实素材"的原创内容加上与粉丝的深度互动是张大奕成功的主要秘诀。这样才能给粉丝带来真正的信任感，获得的粉丝黏性也远比"美貌"更靠得住,这是IP创业者们需要牢记的关键点。张大奕的淘宝店铺开张不到一年便升级到"四皇冠",并且是全平台女装排行榜中唯一的个人店铺。

图13-13　张大奕的微博主页

张大奕的淘宝店铺主要采用文艺、清新的内容风格,深受粉丝欢迎,如图13-14所示。这些粉丝所产生的购买力就是张大奕的淘宝店铺的最核心竞争力。

图13-14　张大奕的淘宝网店"吾欢喜的衣橱"

13.3.2　粉丝变会员

将粉丝变成会员,最直接的方式就是在各媒体平台中招收付费会员,最典型的例子就是"罗辑思维"微信公众号。

📁 【营销案例】

"罗辑思维"以罗振宇为核心人物IP。"罗辑思维"推出的付费会员制包括两种,一种是5000个普通会员:200元/个;另一种是500个铁杆会员:1200元/个。这个看似不可思议的会员收费制度,其名额却在半天就售罄了。"罗辑思维"为什么能够做到这么牛的地步,主要是"罗辑思维"运用了社群思维来运营微信公众平台,将一部分属性相同的人聚集在一起,就是一股强大的力量。

"罗辑思维"在初期的任务也主要是积累粉丝。他们通过各种各样的方式来吸引用户,如公众号写文章、开演讲会、录视频教学、做播音等。等粉丝达到了一定的量之后,"罗辑思维"便推出了招收收费会员制度。对"罗辑思维"来说,招收会员其实是为了设置更高的门槛,留下高忠诚度的粉丝,形成纯度更高、效率更高的有效互动圈。图13-15所示为"罗辑思维"微信公众平台。

图 13-15 "罗辑思维"微信公众平台

13.3.3 书籍出版

图书出版盈利法,主要是指自明星或网红们在某一领域或行业经过一段时间的经营,拥有了一定的影响力或者有一定经验之后,将自己的经验进行总结,然后进行图书出版,以此获得收益的盈利模式。

【营销案例】

自明星采用推广图书这种方式去获得盈利，只要自明星本人有基础与实力，那么收益还是很乐观的。例如微信公众平台"手机摄影构图大全""凯叔讲故事"等都有采取这种方式去获得盈利，效果也比较可观。

如图13-16所示，是微信公众平台"手机摄影构图大全"的创始人——构图君，出版的一本《手机摄影构图大全》的摄影书，销量相当不错。

图13-16 "手机摄影构图大全"微信公众平台推广图书的案例

13.3.4 商业合作

一些运营能力强的人物IP还可以用商业合作的形式来变现，通过巧妙的运营和炒作等手段，可以帮助企业或品牌实现宣传目标。其中，炒作是最常见的一种商业手法。通常，一个完整的炒作商业事件有如图13-17所示的几类人参与，通过多方紧密合作才能达到推广目的。

在炒作的过程中，内容发布者运用首页推荐、热门专题等手法，然后再由网络版主进行内容加工，同时突出标题色彩，提升内容在网站上的排名，以获得更高的关注量。

此后，电视、广播、报纸杂志等传统媒体又会从网络中嗅到这些热门的内容，并将其转移到生活中，让那些远离网络的人也能将内容口口相传。最后，策划者、被炒者以及内容发布者即可获得现实的经济效应——广告代言费和出场费。当然，这些收入各方都有一定的分成，具体的分成比例通常会签订相关的协议。

图 13-17　完整的炒作商业事件的相关参与者

参 考 文 献

[1] 柏承能. 一本书教你打造超级爆款IP[M]. 北京：清华大学出版社，2017.

[2] 谭静. 微信朋友圈营销实战108招[M]. 北京：人民邮电出版社，2018.

[3] 海天电商金融研究中心. 微信朋友圈营销秘诀：不讨人嫌还有钱赚[M]. 北京：清华大学出版社，2017.

[4] 龙飞. 手机摄影高手真经 拍摄 构图 专题 后期[M]. 北京：人民邮电出版社，2017.

[5] 龙飞. 手机短视频拍摄与后期大全：轻松拍出电影级大片[M]. 北京：清华大学出版社，2018.